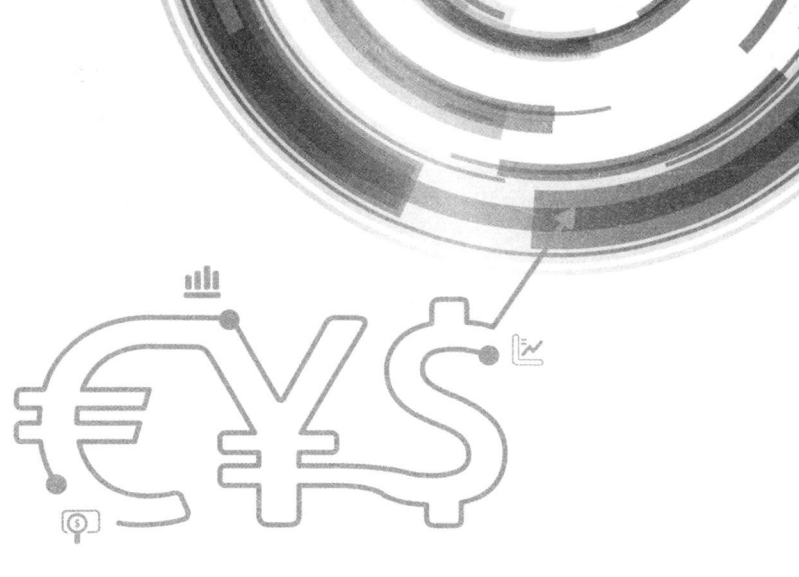

FinTech 2.0

金融科技颠覆金融业的游戏规则

李仪坤 著

SPM 南方出版传媒 广东人民出版社

·广州·

图书在版编目（CIP）数据

FinTech 2.0：金融科技颠覆金融业的游戏规则 / 李仪坤著. — 广州：广东人民出版社，2017.7
 ISBN 978-7-218-11780-5

Ⅰ. ①F… Ⅱ. ①李… Ⅲ. ①互联网络－应用－金融－研究 Ⅳ. ①F830.49

中国版本图书馆CIP数据核字（2017）第111443号

广东省版权著作权合同登记号：图字：19-2016-236
　　中文简体版通过成都天鸢文化传播有限公司代理，经耶鲁国际文化事业有限公司授权独家出版发行，非经书面同意，不得以任何形式，任意重制转载。本著作限于中国大陆地区发行。

Jinrongkeji Dianfu Jinrongye De Youxiguize
FinTech 2.0：金融科技颠覆金融业的游戏规则
李仪坤　著

版权所有　翻印必究

出 版 人：肖风华

策划编辑： 詹继梅
责任编辑： 马妮璐
装帧设计： 圆　圆
责任技编： 周　杰　易志华

出版发行： 广东人民出版社
地　　址： 广州市大沙头四马路10号（邮政编码：510102）
电　　话： （020）83798714（总编室）
传　　真： （020）83780199
网　　址： http://www.gdpph.com
印　　刷： 三河市祥达印刷包装有限公司
开　　本： 710mm×1000mm　1/16
印　　张： 12.75　**字　　数：** 120千
版　　次： 2017年7月第1版　2017年7月第1次印刷
定　　价： 36.00元

如发现印装质量问题，影响阅读，请与出版社（020－83795749）联系调换。
售书热线：（020）83795240

Preface 前言

FinTech2.0 金融科技时代的来临

FinTech 这个词是科技人、金融人及一般人今年一定要认识的词。

2008 年 9 月雷曼公司倒闭,引发金融风暴,导致全球经济危机。英美政府认识到,长期以来大型银行垄断金融市场,提供的金融商品、服务已无法满足消费者多样化需求。自 20 世纪 90 年代以来,全球进入网络时代,FinTech 业利用其 IT 科技,研发新金融商品、服务,不但能够因应消费者的需求,而且充分满足网络新生代(millennials)的新需求。因此,英美政府大力扶植 FinTech 业,以敦促银行业进行变革。

FinTech 2.0
金融科技颠覆金融业的游戏规则

在英美政府的政策推动下，FinTech 新创企业（startup）迅速崛起，介入的金融业务已由汇款、支付、类似存款、放款，进而扩展到证券投资乃至保险业。同时，英美这一政策迅速在欧亚各国普及开来，让 FinTech 形成一股风潮。

FinTech 新创企业的崛起，对于传统银行业（包括证券、保险各业）固然造成冲击，然而，部分 FinTech 业则可以协助银行业进行全面创新。换言之，FinTech 业对于银行业而言，到底是敌人（破坏者）还是朋友，其实世界各国也还在探索中。

FinTech 业的崛起，特别是以美国硅谷为核心，普及地区包括美国、日本和中国。Fintech 新创企业的革命性创新，对于英、美、中的传统银行业（尤其是证券、保险业）冲击日益严重。

然而，FinTech业使金融服务业日益多元化，其提供的金融创新服务相较于传统金融业，具有更便捷、低廉、安全等特色，而且不受时间与空间的限制。伴随着网络的普及，智能型手机功能的提升，大数据的利用，人工智能的应用，特别是区块链技术的研发，在新金融服务上不断创新的FinTech业因而非常受年轻人的喜爱，逐渐介入金融市场，而且成长日益快速。传统金融业面对FinTech业的介入，在政府有关部门的政策辅导下也积极研讨因应对策，以免遭到淘汰。

FinTech业与传统金融业，在现阶段存在着竞争与合作的关系，未来在金融市场上将发生角色的互换。本书认为，有关FinTech的意义、源起、FinTech业别、法律规范、FinTech实际营运方式、主要国家对Fintech的政策方针、银行各业究竟要怎么应对、特别是对FinTech新创企业的展望，值得具体加以说明。

网络时代，无论是财经保险信息学生、银行证券保险从业人员，还是金融相关研究机构、追求新知识的各方人士，特别是有意从事FinTech创业的年轻人，阅读本书，即可了解FinTech的实际内涵。

此书的出版是希望能给想要了解FinTech发展的人有一个概念，期待更多人来关注这个议题。

Catalog 目录

前言　FinTech2.0 金融科技时代的来临

第一章　何谓 FinTech

Question 1　FinTech 指的是什么？ ……………………………………3
Question 2　FinTech 的意义包含哪些？ ………………………………5
Question 3　在什么样的背景之下 FinTech 登场？ ……………………7
Question 4　FinTech 的登场时机是什么？ ……………………………9

第二章　什么是 FinTech 革命

Question 1　FinTech 是传统金融业的破坏王？ ………………………13
Question 2　Disruptor 金融破坏王是怎么诞生的？ …………………15
Question 3　FinTech 为何引发金融业的危机意识？ …………………17
Question 4　美国硅谷为什么跟华尔街沾上了边？ ……………………19

| Question 5 | FinTech 的破坏王有哪些特征？ | 21 |
| Question 6 | 哪些行业是 FinTech 的急先锋？ | 27 |

第三章
金融与 FinTech 企业

Question 1	金融与 FinTech 业为何要结盟？	34
Question 2	电子支付业的内容讲的是什么？	36
Question 3	美国西联汇款公司如何蜕变为 FinTech 业者？	37
Question 4	美国 PayPal 公司如何成为 FinTech 电子支付业企业？	40
Question 5	中国的支付宝为什么能傲视全球？	43
Question 6	P2P 融资业到底是怎么进行营运的？	46
Question 7	英国 P2P 融资业——Zopa、Funding Circle 如何进行运作？	47
Question 8	美国 P2P 融资业——Lending Club、Funding Circle U.S.A 的融资如何运作？	52
Question 9	P2P 融资——日本 Maneo 的特色是什么？	57
Question 10	中国 P2P 融资为何后来居上？	59
Question 11	股权型群众募资在什么情况下应运而生？	64
Question 12	英国、美国、日本及中国大陆、中国台湾地区股权型群众募资发展如何？	66
Question 13	什么是数字货币？	72
Question 14	数字货币如比特币是商品还是货币？	73
Question 15	关于 FinTech 个人资产管理业的做法是什么？	75
Question 16	FinTech 机器人投资顾问业提供哪些服务？	79
Question 17	什么是保险 FinTech 2.0？	82

Question 18　什么是 FinTech 云会计业？ ·············· 88

Question 19　FinTech 安全业安全认证的做法是什么？ ·············· 92

第四章
FinTech 是银行的敌人还是朋友？

Question 1　为什么 FinTech 会形成一股风潮？ ·············· 96

Question 2　FinTech 业者为何是银行的朋友？ ·············· 98

Question 3　为什么 FinTech 业者是银行的朋友也是敌人？ ·············· 100

Question 4　FinTech 新创企业会是银行的终结者吗？ ·············· 102

第五章
主要国家和地区因应 FinTech 的政策

Question 1　IT 业者怎么变成 FinTech 业者的？ ·············· 106

Question 2　美国政府对 FinTech 采取什么政策？ ·············· 108

Question 3　英国政府制定哪些政策来推动 FinTech？ ·············· 110

Question 4　中国制定何种政策积极推动 FinTech？ ·············· 113

Question 5　日本为何对 FinTech 采取消极支持政策？ ·············· 116

Question 6　新加坡政府提出何种积极推动 FinTech 的政策？ ·············· 120

Question 7　中国台湾地区对 FinTech 有何因应政策？ ·············· 124

第六章
主要国家和地区银行因应 FinTech 的具体措施

Question 1　主要国家和地区银行为什么要对 FinTech 采取因应措施？ ·············· 128

Question 2　欧美银行因应 FinTech 的做法是什么？ ·············· 130

Question 3　美国银行因应 FinTech 的具体措施有何不同？ ·············· 133

Question 4	英国银行因应 FinTech 的做法是什么？	136
Question 5	新加坡银行因应 FinTech 的具体措施有哪些？	139
Question 6	日本银行因应 FinTech 有哪些不同做法？	141
Question 7	中国银行因应 FinTech 有哪些不同做法？	146
Question 8	中国台湾地区银行因应 FinTech 有哪些不同做法？	148
Question 9	面对 FinTech 业介入金融市场可以总结出什么趋势？	149

第七章 FinTech 与各国的法律关系

Question 1	FinTech 与涉及的法系有什么关系？	154
Question 2	英美法系与大陆法系有哪些不同之处？	156
Question 3	各国 FinTech 的发展为何深受法律影响？	159
Question 4	各国电子支付业所受的法律影响是什么？	160
Question 5	移动支付业与电子支付业有什么差别？	178
Question 6	各国 P2P 融资所受的法律规范是什么？	179
Question 7	主要国家群众募资所受的法律规范是什么？	183
Question 8	主要国家数字货币所受的法律规范是什么？	186

第八章 FinTech 的未来展望

FinTech 的未来展望 ··· 190

Chapter **1**
第一章　何谓 FinTech

Question 1
FinTech 指的是什么？

Answer

　　FinTech（金融科技）是英文 Finance（金融）和 Technology（科技）的缩写。

　　美国华尔街从 20 世纪 80 年代就已经开始使用 FinTech 这个名词。不过，当时 FinTech 名词的使用，主要是在说明金融机构计算机化的程度和研发新型金融商品，以及设置 ATM 方便客户方面。一直到 20 世纪 90 年代中期，随着网络时代的来临，FinTech 一词才逐渐普及。

　　2003 年，美国 American Banker 开始公布全球"FinTech100 强"，FinTech 一词才开始引起各国注意。

　　2008 年 9 月雷曼公司倒闭，引发金融风暴以后，FinTech 新创企业崛起，FinTech 创业形成一种风潮。而对 FinTech 的投资额也由

4 / **FinTech 2.0**
金融科技颠覆金融业的游戏规则

2008 年的数亿美元，迅速增加到 2015 年的 303 亿美元，2020 年预计将达 500 亿美元以上。重点是，FinTech 将如何改变这世界？

Answer
. . . .

Question 2
FinTech 的意义包含哪些？

Answer

（一）一般来说，FinTech 是指：

1. 利用 IT 科技提供金融商品、服务；

2. 金融业务方面灵活运用 IT 科技进行营运的业者；

3. 对金融机构提供系统开发的金融 IT 业者，如 IBM、NEC。

前面三点是说，FinTech 在 1980 年到 2000 年初，传统金融业为了提升营运绩效，而投资委托 IT 科技业者，协助银行进行计算机化，取代人工，改善营运效率。后来，世界主要国家推动金融改革，配合金融自由化、全球化，而开放网络银行、移动银行、数字银行（包括证券、保险）的设立。而金融业为了因应这些传统金融业的设立营运，也开始进行数字化。这是广义的 FinTech 业。不过，这些业者只是进行维护式创新（sustaining innovation），处在 FinTech 1.0 的阶段。

（二）目前，FinTech 所指的是：

"利用最先进的技术或崭新的创意（idea），提供金融革命性创新服务或营运模式的新创企业（startup）"。这一方面的 FinTech 新创企业（startup），以先进科技，崭新的创意，以破坏式创新（disruptive innovation）研发新型金融服务，介入金融市场，这些 startup 就处在 FinTech 2.0 的阶段。未来 FinTech 会不会朝 3.0、4.0……发展将是值得期待的。

第一章 何谓 FinTech

Question 3
在什么样的背景之下 FinTech 登场？

Answer

　　FinTech 兴起其实是拜 2008 年全球金融风暴之赐，次贷危机让各家银行大量裁员。这些拥有深厚金融专业知识的被裁人员，或有先见之明的金融高管人员，带着雄厚资金前往硅谷成立天使基金，结合了硅谷精英分子，推动美国 Fintech 创新领先全球。

　　长久以来，银行、证券、保险业在设立后，重视设备信息自动化，提升金融业服务的质量，以及金融商品的多样化，满足消费者的需求。后来，主要国家推行金融改革，准许非金融业设立网络、移动、数字金融业，介入传统金融市场，与传统金融业进行竞争。这些非金融业的设立营运，对于传统金融业，好像没有造成什么影响，反而引起传统金融业的危机感，传统金融业也开始 FinTech 化，强化竞争力。

然而，近年来由于全球已由工业化进入网络化时代，社会环境发生巨大变化，使得真正具有影响力的 FinTech 业者开始登场，并迅速成长，甚至对传统金融业造成重大威胁。

对此摩根大通银行 CEO 吉米·戴蒙（Jamie Dimon）首先在 2013 年国会听证会上陈述指出，Google、Facebook 等将与银行产生竞争与合作关系，甚至造成冲击。2015 年 4 月 9 日股东会时，戴蒙提出警示：硅谷来了（Silicon Valley is coming）。硅谷的新创企业，正在慢慢取代传统银行业。隔日媒体以《硅谷新创企业即将吞食华尔街的传统金融业》（*Silicon Valley startups are coming to eat Wall Street's lunch*）为标题发文，令人印象深刻。

第一章
何谓 FinTech

Question 4
FinTech 的登场时机是什么？

Answer

美国华尔街自 20 世纪 80 年代起，已经开始使用 FinTech 这个名词。不过，到 2000 年初为止，FinTech 这个名词，广义是指传统金融业投资委托 IT 科技业者，协助银行进行计算机化改造，改善营运绩效。

其后，全球推动金融自由化、国际化，主要国家和地区开始开放网络金融业的设立营运，介入传统市场。然而，对于传统金融业并没有造成冲击，所以这些广义的 FinTech 业，只能说是处在 FinTech 1.0 的水平。

2000 年以后，对传统金融业造成相当程度冲击的 FinTech2.0 业开始登场，其登场的背景，可以归纳为 3 点。

（1）2000 年以来，IT 科技快速发展，得力于 IT 相关载体性能提升而价格不断下跌。加以云端服务等的普及，让很多人的创业成本大幅降低，加速了FinTech的登场。

（2）2008年金融风暴后，欧美大型金融机构长期垄断市场，消费者因权益受损而深感不满。加上金融风暴后，政府强化了金融监理与银行借贷部分的管理，FinTech因此乘虚而入。

（3）网络新生代（millennial）的年轻人，自幼熟悉网络以及习惯于网络上做交易，并且大多未与银行有直接的往来，所以就自然而然地成为FinTech的忠实客户。

值得一提的是2007年iPhone手机问世，这个百年以来的重大发明，加速了移动智慧时代的来临。Line也是这几年发展起来的，现在移动数字科技是以百倍、千倍的速度在发展。

2010年人称FinTech年，IT科技快速发展加上符合年轻人的消费模式，FinTech2.0因而快速介入金融市场，并对传统金融业造成冲击。

Chapter 2
第二章
什么是 FinTech 革命

第二章 什么是 FinTech 革命

Question 1
FinTech 是传统金融业的破坏王？

Answer

哈佛大学教授克里斯滕森（Christensen）面对 IT 科技业者，利用其高科技、新创意，进行破坏式创新（disruptive innovation），因此对 1995 年以前工业时代的产品、市场、服务产生了革命性的冲击的现象，首先提出了破坏王（disruptor）的概念。

破坏王借由网络、社交网站、平板计算机、智能型手机的普及，IT 载体及基础设施成本的降低，开发技术的大众化，在线上线下进行合作。这些破坏王对各行各业都造成重大的冲击，金融业也不例外。

这些破坏王在金融方面就是所谓 FinTech 业。可是，20 世纪 80 年代已经出现 FinTech 这个名词，一直到 2000 年都还没有对传统金融业造成重大冲击，也不构成破坏王的角色。

但是，自2000年以来，FinTech业快速转变为传统金融业的破坏王，让人非常惊讶。

第二章　什么是 FinTech 革命　15

Question 2
Disruptor 金融破坏王是怎么诞生的？

Answer

1997 年哈佛大学教授克里斯滕森，鉴于网络时代的来临，网络、SNS（Social Network Site）、智能型手机、平板计算机的普及，IT 载体基础设施成本的降低，研发技术（包括语言、工具）的大众化逐渐成型，提出破坏王的概念。

世界各国开始有越来越多的人利用网络时代的新科技，开始研发新商品和新服务，而且新商品、新服务很快普及全球。这些利用网络时代新科技进行创新的人，不仅仅对各国传统行业造成一定的冲击，而且还打破了行业的限制，进行跨行业经营，进而变成传统业界秩序的破坏王（disruptor）。

Google 公司就是破坏王的代表，Google 公司不但提供崭新的搜索服务，还参与智能型手机、移动支付、无人驾驶汽车等行业。更重要的是，破坏王拥有科技、创意能力，到处破坏到处创新，然后，在全球引发连锁破坏式创新的风潮。

金融本来就是具有提供信息服务性质的产业，其业务项目又与IT最具亲和性。所以，IT科技业者利用其高科技、新创意，以破坏式创新研发推出崭新的金融服务，参与金融市场，传统金融业自然无法抗衡。至此，IT科技业者提供金融服务的FinTech业因而诞生，FinTech金融破坏王开始出现。

同时，由于各国法律特别是与金融相关法律的松绑，FinTech业日益多样化，FinTech新创企业（startup）像雨后春笋般快速增加，介入的金融业务从原来单纯的汇款、支付，逐渐拓展到融资、投资、证券、保险。FinTech破坏王越来越多，破坏力也越来越强，因而对于传统金融业的商品、服务造成的冲击与力度也越来越大。

第二章 什么是 FinTech 革命

Question 3
FinTech 为何引发金融业的危机意识？

Answer

　　FinTech 以破坏王形象介入金融市场，引发欧美大型金融机构的危机意识。2008 年金融风暴冲击传统金融业，其后在欧美政府强化金融监理的情况下，FinTech 业乘虚介入，让金融业腹背受敌，同时也感受到 FinTech 业在金融市场，对传统金融业的影响力。

　　摩根大通银行 CEO 戴蒙首先提出警告，并且具体指出，Google 公司及 Facebook 等网络业者将对传统金融业造成冲击。同时，西班牙 BBVA 银行 CEO 冈萨雷斯（Gonzalez）也同意戴蒙的观点。戴蒙和冈萨雷斯都认为，为应对 FinTech 破坏王，传统金融业必须进行数字化变革，否则就只有退出金融市场一途。

　　两位 CEO 还同时强调，传统金融业进行数字化变革时，必须因应环境变化在经营模式上进行数字化变革(digital transformation)。并且，金融业更需要强化研发创新的投资比重，这样才能与FinTech业竞争。

此外，在强化竞争力的同时，也应该与FinTech合作，提升创新研发能力，开放新市场。

结论是，FinTech破坏了金融秩序，蚕食传统金融业务。为了因应这个变局，金融业必须进行数字化变革及确立新经营模式，必要时还需和FinTech新创企业(startup)及创新(venture)企业合作才是正途。

第二章　19
什么是 FinTech 革命

Question 4
美国硅谷为什么跟华尔街沾上了边？

Answer

硅谷来了？

摩根大通银行 CEO 戴蒙首先指出："硅谷来了（Silicon Valley is Coming）"，还进一步说，"硅谷的 FinTech 新创企业（startup）即将蚕食华尔街的传统金融业"（Silicon Valley srartup are coming to eat Wall Street's lunch）。

在这里所要强调的是 FinTech 创新（venture）企业，利用其本身营运优势，积极介入传统金融市场。这些创新企业多已成型，甚至已经公开上市。

最近戴蒙提出的警告，则是目前已经或正在以硅谷为核心（包括全球主要国家），目前欧美以及中国等主要国家，已经有为数可观的新创企业。这些新创企业利用其特定的功能，采用人工智能和大数据等最先进技术，通过智能型手机，研发传统金融机构未能提供的新金融服务以及经营模式，以最方便、最便宜和不受时间、地点限制的特点，随时提供充分满足客户需求的新金融服务。

面对硅谷为数众多的 FinTech 新创企业的来势汹汹，华尔街的传统金融业可能将危在旦夕！

第二章　什么是 FinTech 革命　21

Question 5
FinTech 的破坏王有哪些特征？

Answer

FinTech 业利用其高科技和崭新创意，研发新金融服务，迎合现代消费者的需求，将对传统金融业及其金融功能造成不小冲击，并且展现出 FinTech 6 个破坏王的特色，包括：去金融中介化（Disintermediation）、金融功能分解化（Unbunding）、信息综合管理（Aggregation）、算法（Algorithm）、人工智能（Artificial Intelligence）、安全和隐私（Security & Privacy）等，以下分别加以说明。

（一）去金融中介化（Disintermediation）

去金融中介化（Disintermediation）是指 FinTech 业在金融市场上，并不同于传统银行业担任资金借贷中介（即间接金融）的功能，以及证券公司的包销，投资信托募集个人资金的中介功能，FinTech

业是通过网络，将资金的提供者直接与需求者做有效联结，回到最原始的直接资金供需状态，但 FinTech 本身并不介入，因而取代了银行及证券业的中介功能。例如 P2P 融资和群众募资业，就是介于银行与证券公司之间，不是经过 FinTech 业者之手，而直接经由网络进行链接，完成资金供给与需求的交易，有效提升金融效率。P2P 融资公司 Lending Club 的顺利营运，众筹平台 Kickstarter 的广受欢迎，就是去金融中介化最好的案例。

其次，传统银行的汇款服务，也因为 Square、TransferWise 等 FinTech 电子支付业的崛起而遭到蚕食，电子支付业具有极为低廉的手续费，可提供无时空限制的方便服务等优势。

最后，比特币所采用的区块链（Blockchain）科技，将应用在各项金融业务，FinTech 破坏王的特色将更明显。

（二）金融功能分解化（Unbunding）

金融功能分解化（Unbunding）是指目前大型金融控股公司均已提供银行（包括放款、汇兑）、证券、保险等商品与服务。

FinTech 则通过网络，将上述业务予以细分，各种 FinTech 业分别各自提供高效率、高附加价值、低成本、便利性商品与服务，将金控功能予以分解。

一般认为，FinTech 业者固然是破坏王，对金融业造成冲击。然而，金融业不会消失，只会随着 FinTech 业者的创新，对传统金融服务产生分解。

（三）信息综合管理（Aggregation）

信息统合管理（Aggregation）是指对诸多信息进行数字管理，也就是说，将诸多信息通过网络自动收集，并进行综合管理。

1. 个人所有的金融交易信息予以统合，有助于个人进行金融交易整合的支持系统。2000 年初，曾出现整合多个银行和资产，管理运用账户相关信息，即进行信息统合管理。近年来，提供整合信用卡的使用信息，以及各种点数信息的服务也已登场，而且更具便利性。

2. 小企业进行融资方面，P2P 在网络贷款业者如 Kabbage、OnDeck 就其财务信息、政府的财务信息和社群网站（SNS）的信息加以统合，进行小企业的信用度评审等，决定放贷与否。

3. 云计算（Cloud Accounting）方面，有关在线市场（如 eBay、Amazon）商品销售信息、原料购入、信用卡支付记录、银行往来数据等，能够自动收集及分类。

今后，随着 IoT（Internet of Things）的进展，网络上可利用信息范围的扩大，有助于信息统合管理效率的提升。

(四)算法(Algorithm)

算法(Algorithm)是指运用、分析大数据(Big Data),自动且迅速计算出借款人的信用度或制作最合适的资产组合。例如,TransferWise(FinTech 汇款业)所提供的国际汇款,即是利用 Skype 的算法(Matching System)进行迅速方便价廉的国际汇款,无需通过银行,且汇率依路透社银行买卖外汇报价的中间值。

具体而言,汇款人在进行国际汇款时,只要在 TransferWise 网站上输入汇款人和收款人姓名、账户和金额,TransferWise 只收取些许手续费,即可便捷完成汇款。

(五)人工智能(Artificial Intelligence)

人工智能(Artificial Intelligence)一词,简单说,是指等经由人为的设置,赋予计算机与人类同样的智慧,或者是指为达成上述目的,所使用的相关基础技术而言。例如,以前 IBM Watson 即能够使用自然语言来回答问题的人工智能系统,以及最近 Google 公司的 AlphaGo 与围棋高手比赛获胜。金融方面,则以日本大型银行分行柜台使用的用以取代人工,具人工智能的机器人(Pepper)最具代表性。

（六）安全与隐私（Security & Privacy）

安全（Security）本身原为 IT 业务范畴的重点之一，金融业也是 IT 安全业的主要用户。然而，IT 在安全方面，以新创意（idea）逐渐改变传统的金融服务形态。

例如，Stripe 公司（提供在网络上接受避免信用卡诈骗的付款技术及银行基础设施的 FinTech 公司）所开发的 One-time password token 技术，Apple Pay 已经实际应用。另外，比特币所使用区块链，亦利用密码的安全技术，提供相关汇款等服务。

隐私（Privacy）亦为安全保护内涵之一。例如 1998 年，FinTech 名词尚未普及，创业的 PayPal 在进行网购支付时，因为把买方的信用卡号码及送货对象的相关信息加以安全保护，未传送给交易对手，维护了顾客的隐私，其营运因而得以普及。

最近 Apple Pay 在美国使用时，就形式上来讲，不过是将实体的信用卡嵌入智能型手机（iPhone 6）中，转化为无实体的信用卡，方便使用而已。然而，由于 Apple 采用 FinTech 安全业者 Stripe 公司所研发的 One-time password token，Apple Pay 的使用者在实体商店消费时，商店看不到消费者的信用卡及个人资料，彻底解决了信用卡遭到盗用、复制所引起的纷争。Apple Pay 因而从美国迅速推广应用到英国，并引进到中日各国。

　　FinTech 安全业打破传统安全思维方式与安全措施，影响传统金融支付服务，可见一斑。

第二章 什么是 FinTech 革命

Question 6
哪些行业是 FinTech 的急先锋？

Answer

美国的金融法律并未限制非银行机构不得从事汇款、放款等业务，而美国最高法院则有银行才可以收受存款的规定。也就是说，只有银行才可以收受存款，不是银行不能收受存款，但是可以办理放款、汇兑等金融业务。

因此，长久以来，美国非银行机构早已进行汇款业务，如西联汇款公司（Western Union）已有160多年历史。1990年以来，网购逐渐盛行，美国各州乃修订资金移转法，准许资金转移业者办理传统汇款以及网购支付业务，如 PayPal 等。

相形之下，大陆法系欧日各国，则依银行法规定存款、放款、汇款（兑换）为银行主要业务，不是银行不得办理。1990年以来，网购盛行，网购支付业务则因银行法中并未规定为银行业务，非银行机构不得经营。2010年日本乃参照美国，制定资金决济法排除银行法，准许资金移动业办理汇款及网购支付业务，并且准许非银机构兼业办理。究竟哪些行业最适合兼营资金移动业务呢？

根据相关研究报告显示，利用本身业务营运项目的特色，最适合成为FinTech汇款支付业者的急先锋为下列行业。

（一）电信业

电信业在IT业者中，首先提供汇款、支付业务，成为FinTech急先锋之一。举3个实际案例。

1. 美国西联汇款公司

美国西联汇款公司（Western Union）在1851年成立，原为电信公司，后来开始办理电报汇款业务。1995年开始提供国内外在线及网络汇款服务，成为FinTech汇款业者。

2. M-PESA移动支付

肯尼亚Safaricom电信公司，于2005年在英国政府协助下，利用移动电话进行国际汇款，迄今已有近2,000万人使用，成为FinTech急先锋。

3. NTT DOKOMO

日本 NTT DOKOMO 电信公司于 2011 年依法兼营国内外汇款及支付业务，成为 FinTech 急先锋。

（二）电子商务

电子商务业者在网络上架设购物平台，从事物流业务，也是网络业者。各国的电子商务业者，基于法律规定进行现金收付清算有其困难。

基于物流资金流分离原则，电子商务业者多通过资金流子公司，如美国 eBay 与 PayPal，现已分离，或如阿里巴巴与兄弟公司支付宝，或如日本乐天市场通过关系企业乐天信用卡，进行货款支付事宜，为消费者节省成本，减少购物申诉纠纷。

电子商务业者，以上述子公司、兄弟公司、关系企业介入资金流，因而成为 FinTech 支付业急先锋。

（三）手机制造业

2014 年手机制造业苹果公司，首先推出带有 Apple Pay 支付功能的 iPhone6（支持终端还包括 Apple Watch、iPad），即具有支付功能的智能型手机。

Apple Pay 推出的原因，系针对美国信用卡大部分仍未 IC 卡化，仍使用磁条，经常发生伪造、盗刷事件，申诉案件频传，造成消费者与发卡银行困扰。

因此，苹果公司乃在 iPhone 手机内，植入信用卡，手机所有人只需加入银行信用卡软件即可以将手机取代信用卡使用，安全无虑，因而在美国快速普及，并在英国、日本等国使用。

韩国三星亦推出 Samsung Pay，至此，手机制造业亦因介入支付业务而成为 FinTech 业者。

（四）流通业

即使是商场、超市等流通业者也有参与的可能性。因为这些公司本身也有发行预付卡和信用卡的业务，所以这些公司可以利用本身原有的网络资源，进而提供汇款等业务。同时，手续费的收费金额可以大幅下调。

（五）预付卡

在日本方面有铁路公司所发行的预付卡，其功能性就与中国台湾地区的悠游卡相类似。日本铁路公司所发行的预付卡，不但可以进行第三方支付业务，而且有作为汇款性质的业务以及网络购物付款功能。

使用此预付卡支付时，就可以节省支付手续费。然后，如果是服务器型的电子货币（非卡片形态），在汇款或支付使用方面则会更加便利，因为不需要携带卡片或预付卡来进行消费。

根据日本的资金决济法的实施，预付卡业者来从事预付卡汇款以及支付业务是占有很大的优势。

（六）信用卡

信用卡是属于电子商务业中最常使用的支付方式，例如日本乐天市场的网购，几乎都是用乐天市场业者发行的信用卡支付。加上乐天信用卡支付时，利用赠送点数降低手续费的策略，吸引许多网络客户前来购物增加其销售业绩。

（七）系统整合业者

系统整合业者是与客户有密切接触的业者，也可以称为汇款支付业者。这些业者自己本身就拥有支付业务相关系统，在推动支付业务方面占有很大的优势及便利性。例如电子商务购物中的购物商城、加盟店就必须要具有因应电子支付的系统。在处理过程中，系统业者均为以前提供支付相关服务的业者。

日本的SBI VeriTrans公司（网络支付代理业），是通过外包从事电子支付业务，所以此类业者要成为电子支付业者的可能性很大。此外，委托系统整合业者的系统提供者或者是信息中心，为了扩大业务也有成为支付业者的可能。

Chapter 3
第三章
金融与 FinTech 企业

Question 1
金融与 FinTech 业为何要结盟？

Answer

IT 等科技业者善用其高科技提供新金融商品服务的 FinTech 业者，迄今已对银行、证券、保险等金融业，造成一定程度的冲击。但是，金融业也可以通过与 FinTech 创新（venture）业者，特别是新创（startup）企业策略联盟、合伙、出资甚至并购等方式，提升金融业创新能力，提高金融服务品质，适应 FinTech 业。

本书归纳目前主要国家和地区提供金融服务的 FinTech 业为 9 种：

1. 电子支付业（包括移动支付业）

2. P2P 融资业

3. 股权型群众募资业

4. 数字货币业

5. 个人资产管理业

6. 机器人投资顾问业

7. FinTech 保险业

8. 云端会计业

9. FinTech 安全业

Answer

Question 2
电子支付业的内容讲的是什么？

Answer

电子支付业一般叫做第三方支付业，这个行业因为法系的关系，很早就在美国诞生，例如西联汇款公司（Western Union）以及网购支付公司（PayPal），并普及各国家和地区，尤其在中国盛行。

一般人想知道的是：

1. 这些支付业者依据什么法律？

2. 拿什么执照？

3. 做什么业务？

4. 怎么因应竞争剧烈的环境脱颖而出？

电子支付业源自美国，却在中国盛行，以下拟以美国和中国为例，就其法源、执照、业务，特别是发展的过程分别加以说明。

Question 3
美国西联汇款公司如何蜕变为 FinTech 业者？

Answer

美国西联汇款（Western Union）公司于 1851 年成立，原来是电报公司，1974 年转型为电信公司同时开始提供国内电信汇款业务。20 世纪 80 年代随着政府法令的松绑，开始提供国外汇款服务。当时西联汇款公司依纽约州资金移转业法（The Money Transmitter Act），取得第三方汇款业执照，选择办理国内外汇款业务。

1995 年西联公司成为 First Data 的子公司，提供在线及网络汇款，使得数千万在美国的外籍劳工，汇款方式多样化。2006 年停止电报业务，以办理外籍劳工的国际汇款（包括支票购入）为主要业务。目前西联公司汇款服务涉及 200 多个国家，服务点包括银行、便利超市、特约商店等有 50 万个。

汇款方式由传统的店铺对店铺、银行汇款、在线及网络汇款到移动电话汇款，对于外籍劳工而言最为方便，而且汇款手续简便，费用低廉，汇款即汇即到，受到使用者称赞。

西联公司 1851 年于纽约罗彻斯特设立，当时为电报公司，通过同业并购规模日益壮大，1871 年开始提供电报汇款。其后随着电话的普及取代电报需求，西联公司仍坚守电报汇款业务。1914 年西联公司首度对消费者提供储值卡，1935 年提供传真汇款服务，1958 年提供电传打字机（Telex）汇款服务。期间，西联公司并购近 500 家小型企业，公司规模日益扩大。

1974 年西联由电报公司转型为电信公司（卫星定位电信公司），服务遍及全国，业务则包括电信及国内汇款。20 世纪 80 年代由于美国政府监理宽松化，西联公司乃开始提供国际汇款服务，拓展市场增加收益。1995 年西联公司成为 First Data（国际大型电子支付技术及解决方案公司）的子公司，除了传统电报、传真、Telex 汇款外，还开始提供在线及网络汇款业务。2006 年与 First Data 公司分割，西联公司成为独立的国际汇款（含支票收购）公司。2011 年 1 月西联公司并购 Angelo Costa 移民汇款专业公司，2011 年 7 月并购 Travelex 公司的国际商业支付部门，2011 年 10 月则并购在欧洲拥有众多汇款据点的 Finint 公司。

经由上列所述可知,百余年来,西联公司通过并购,由电报公司转型为电信公司,再转型为国际大型汇款公司,汇款方式亦通过并购而得以多样化、全球化、网络化,因应世界潮流,迎合以外籍劳工为主的需求,极具意义。

Question 4
美国 PayPal 公司如何成为 FinTech 电子支付业企业？

Answer

全球最大的电子支付业企业是美国的 PayPal 公司，PayPal 和上述西联公司一样，都是依据州资金移转业法（The Money Transfer Act）取得电子支付执照，办理网购支付（以及汇款）业务。PayPal 于 1998 年 12 月成立，当初首度以网址提供汇款服务，兼具安全性与便利性，因而广受欢迎。目前，则已提升到移动数字钱包（储值）服务，因应消费者需求，提升营运绩效。

PayPal 公司为跨国（近 200 个国家和地区）大型支付企业，2014 年底的营运额达 80 亿美元。年支付 40 亿笔，支付总额达 2,400 亿美元，2015 年 PayPal 公司脱离 eBay，同年 7 月上市，市值 430 亿美元，为全球主要办理网购支付业务公司。

PayPal 公司自设立以来，基于危机意识而积极进行并购或投资 FinTech 新创企业，因应客户需求，经营模式值得深入研究。

1998 年支付创新企业 Confinity 成立，1999 年 10 月开始营运。2000 年 3 月用户突破 100 万人，当初提供电子信箱与支付链接架构，极受客户喜爱。当时由于美国电子商务登场初始，买方使用信用支付时要将信用卡信息与个人信息透露给卖方，买方深感不安，因而选择使用 PayPal 公司提供的安全性高的支付方式。

2000 年 Confinity 公司与 X.com 公司合并，2001 年 6 月 X.com 公司更名为 PayPal。2002 年 2 月 PayPal 在纳斯达克上市，2002 年 10 月 PayPal 公司被电子商务 eBay 并购为子公司。期间由于参与支付市场的新创企业逐渐设立，开始研发新型支付方式，降低成本。

面对竞争剧烈化，2006 年 4 月 PayPal 公司开始推展移动支付业务。2008 年 10 月 eBay 收购新支付业 Bill Me Later，与 PayPal 子公司合并。2011 年收购 Zong 支付业，以拓展海外业务与收益，迄 2011 年底 PayPal 公司海外收益超过国内收益。2012 年为与 Square 对抗，PayPal Here 提供与 Square 同样的智能型手机支付服务。2013 年 9 月将提供同样服务的 Braintree 予以并购，强化服务。2014 年 8 月引进 Braintree 公司的 one touch 支付与服务。2014 年 9 月 PayPal 与 eBay 分离（spin off），独立进行营运，并于 2015 年 7 月 PayPal 公司在纳斯达克再度上市，市价总额达430亿美元，超过eBay。

PayPal公司经由上述并购，提升营运绩效。同时，PayPal公司再上市的目的，拟借由上市取得资金，积极进行并购，提供新技术、新服务，以便因应FinTech热潮下数字支付市场的激烈竞争。同时，PayPal公司深知，要得到顾客的支持，必须确立新形象，积极落实破坏王的角色，才能留住顾客。此外，他们倾听消费者与销售者的心里意见，就整体支付模式再行设计。

当然，PayPal公司仍然重视FinTech新创企业（startup）的创新成果，必要时进行策略联盟，或者进行并购，以提升PayPal公司服务绩效，迎合顾客需求，这是PayPal公司成功的经营哲学。

Question 5
中国的支付宝为什么能傲视全球？

Answer

中国电子支付业中，支付宝市场占有率近半，最具代表性，功能亦多元化。因此，支付宝的成长经验值得深入研究。

支付宝原为阿里巴巴集团子公司，于 2003 年 10 月提供网购支付服务。2010 年中国公布《非金融机构支付服务管理办法》，支付宝为顺利取得电子支付业执照，乃脱离阿里巴巴集团独立，为阿里巴巴、淘宝网、天猫 (阿里巴巴集团电子商务子公司) 办理网购支付相关业务。支付宝的用户必须先在支付宝开设账户，而预先汇入账户储值的方式则有信用卡、转账卡、预付卡、银行转账（便利商店付款取货、送货到家付款）等方式。而支付宝最大特色为提供附条件支付服务（Escrow Service），买方购买的货物有质量安全保障，支付宝则担任相当程度的货物质量保障功能。

因此，支付宝对客户而言，具有：确保买卖双方交易的安全，卖方可确切收到货款，手续费极低，货款可在网络支付完成清算的优点。因此，支付宝自 2003 年 10 月提供支付服务以来，基于上述优点，用户急速增加。到 2014 年底，用户（登记者）已突破 8 亿，实际用户则仍有 3 亿以上，相较 2005 年 800 万人，成长 100 倍。

2013 年 6 月，阿里巴巴对支付宝用户，开始销售投资商品"余额宝"，年利率在 6% 左右（现为 4% 左右），1 年左右用户人数突破 1 亿人，余额宝运用资产规模超过 7 亿人民币。到 2014 年，支付宝的处理金额中，余额宝的金融商品购入占 16%。同年 10 月，支付宝的母公司更名为"蚂蚁金融服务集团"，集团旗下分为支付宝、余额宝、芝麻信用、蚂蚁微型贷款、金融云端业务、网商银行业务板块。

2015 年 7 月，支付宝全面更新移动支付服务，支付宝移动支付目前市场占有率达 70% 以上。而同年支付宝支付额达 9 万亿人民币，为世界之冠。目前支付宝善用其平台，除提供网购支付、汇款外，尚提供网购融资、投资、预付卡、价格比较、信用卡管理、股价信息、代缴水电各费等服务。

归纳支付宝之所以如此快速发展，可列示重点如下。

其一，主管部门以行政命令授权支付宝，进行全球仅见的多样化金融服务。

其二，中国大陆 13 亿人口，为支付宝推广业务提供良好基础。

其三，存款利率 3.3% 上限管制，为支付宝提供了套利机会。

Question 6
P2P 融资业到底是怎么进行营运的？

Answer

　　P2P 融资公司相当于网络上资金供给者与资金需求者之间的中介角色，取代银行收受存款、从事放款的中介功能。英国在 2005 年首先创设 P2P 融资公司 Zopa，2006 年美国设立 Lending Club、Prosper，2010 年英国设立 Funding Circle、RateSetter 等共 40 家。

　　这些 P2P 融资业者怎么办理融资？出资人为什么甘冒风险？实际经营状况如何？同时，中国大陆自 2007 年参照英美，开始设立 P2P 融资业，迄今已有 4,000 家。据报道已有 1,300 家企业恶性倒闭，缘由为何？后面章节将一一分别说明。

Question 7 英国 P2P 融资业——Zopa、Funding Circle 如何进行运作？

Answer

Zopa、Funding Circle 是英国两大 P2P 融资公司，拟就其实际在网络上进行 P2P 融资营运状况，分别说明。

（一）Zopa

1. 融资面

2005 年英国 Zopa 为世界首创的 P2P 融资业者，融资申请人须满 20 岁，在英国居住 3 年以上，年所得在 12,000 英镑以上，未有信用不良记录的个人。融资期间分为 1、2、3、4 及 5 年 5 种，可申请 1,000 至 25,000 英镑的无担保融资。还款方式有本息分期偿还及递增还款方式，提前还款无须支付违约金。借款用途包括购车、偿还信用卡债务、房屋修缮、结婚、个人事业资金等。

融资申请人首先在网站上输入简略信息，Zopa将申请人信息委托信用信息公司Equifax进行信用调查，提示融资利率。融资申请人再度输入详细信息正式提出申请，Zopa正式进行授信审查，在两个营业日内即通知申请人可否获得申请融资。申请人若同意贷款利率条件，即可贷予资金。

申请人需缴交手续费，在提示融资利率时已将手续费计入，与本金利息按月摊还。此一手续费系用以提存呆账摊销基金（Safeguard Fund）准备之用，手续费多寡则系依照信用评分（Credit Score）及借款期间长短计收。

2. 投资面

投资人为提供融资资金者，其条件为在英国开设有银行账户，18岁以上的个人。投资人首先在线输入投资金额，选择短期（2~3年）或长期（4~5年）的运用期间。短期与长期贷款（Loan），依其信用度分为A＊、A、B、C1、S（自营业者贷款）5种。A＊、A、B再依贷款额大小，由小额到超大额分为5种。投资人可就希望利率、融资对象信用度、单一贷款人的贷放上限等条件进行选择并输入网络平台。上列条件输入后，即依符合条件的贷款配置自动进行贷放，投资人即可每月收受本利偿还。因此，Zopa并非采取贷款人选择特定贷款案件进行贷放的方式，而是采取对多数借款人进行广泛贷放的方式。

投资人用以贷放的资金，事先存放在 Zopa，Zopa 则转存银行，与自有账户分别管理，可依英格兰银行基本利率减 0.75% 收受利息。投资人的投资金额最低为 10 英镑，对投资人原来要收取手续费，2015 年 4 月起免予计收。至于放款人的放款债权，必要时可以转售给其他放款人，收取现金。

有关呆账准备部分，Zopa 自 2013 年 5 月建立呆账摊销基金（Safeguard Fund），以备借款人违约之用，提升安全性及 Zopa 信用度。此一基金的准备金包含借款人支付的手续费，当本利偿还延滞 4 个月时立即动用呆账摊销基金进行补贴。呆账摊销基金信托予 P2PS 有限公司（非营利公司）进行保管。

（二）Funding Circle

Funding Circle 于 2010 年开始营运，是仅对小企业进行融资的 P2P 融资业者。

1. 融资面

借款人为英国企业，开业两年以上，销售额最低在 5 万英镑以上，须备有两年以上的财务资料。借款金额每笔为 5,000 至 100 万英镑，不动产开发业则可达 300 万英镑。融资期间 6 个月至 5 年，按月平均摊还本息。

在线进行融资申请后，Funding Circle 即依申请人业绩、信用履历、业务状况等，使用 2,000 个以上变量进行自动化的信用审查，审查结果再由融资业者信用评价小组复审。自申请后两个营业日内，即可收到核贷与否的通知。

通过融资审查申请，即依信用评级分为 A+、A、B、C、C- 等 5 个等级，可作为投资研判的信息，在融资业者的网站公布一周。投资人可据计划投资额输入申请。投资人申请投资额达融资预定额时，借款人可以选择接受贷款或迄公布到期日或等待较低利率提供贷款者。借款人同意相关条件后，无担保贷款申请 2 至 3 个营业日即予融资，有担保贷款申请于必要手续费完成后即予融资。

2. 投资面

Funding Circle 将通过审查贷款申请于网站披露，投资人可就借款人风险、业别、所在地、财务状况、借款用途等信息进行核查，再行输入投资金额与希望利率即可参与投标。网站上揭示对该时点该档贷款申请，投资人申请时提示利率。如投资人要求利率太高，则投资必然无法成功。

该融资业者对投资人未偿还的本金收取年息 1% 的服务费。而借款人于有买主时，亦可转售贷款。拟出售贷款时，可在贷款买卖专用页面披露，为期两周，并可就该贷款以溢价或折价方式出售。买方可就贷款内容阅览后，确认利率、风险、等级、其他借款人信息，按键购入。贷款转卖时，须收取 0.25% 管理手续费。

Answer

Question 8 美国P2P融资业——Lending Club、Funding Circle U.S.A 的融资如何运作？

Answer

（一）Lending Club

1. 融资面

美国人年满18岁即可提出申请，借入金额1,000到35,000美元。融资申请时，只要输入授信审查相关资料，数分钟即可得知核贷与否，数日即可拨款。

Lending Club于接受融资申请后，即依据FICO（Fair, Isaac and Company）评分及Lending Club公司自有的评分模型，区分为A、B、C、D、E、F、G等级，然后，再就上列等级细分为1到5个等级，合计35个等级，分别制定利率。

实际上的融资则是由犹他州WebBank（依犹他州金融机构法设

立，属非银行，不得从事存取款业务）依据 Lending Club 提供的指示拨款。而款项最后仍来自于 Lending Club 收受投资人资金，再提供予 WebBank 为融资资金来源。

2. 投资面

投资人可在 Lending Club 网站得知借款相关信息，设定等级及利率，并明示借款人所得、资金用途、该时点投资人申请投资总额。如果由借款人另行提供相关信息，则投资人尚可就借款人是否拥有住宅、服务单位、年资、所得与负债比率、FICO 评分等信息加以确认，披露期间原则上为两周。

Lending Club 为对该贷款以面额 25 美元公司债形式在线以与贷放相对应的金额进行募集，由投资人购入。公司债期限 3 年，本息按月平均支付，必要时，到期日可延长至 5 年。该公司将总计金额以公开募集公司债发行的形式向美国证券交易委员会（SEC）一次办理登记，然后，再细分为一系列的公司债，与每一贷款案件配合，在登记总额度内发行。

投资人的条件为，年所得 7 万美元以上，拥有住宅、汽车、家财以外，尚须拥有 7 万美元以上的净资产。如年所得未满 7 万美元，则净资产必须在 25 万美元以上。部分的州如加州条件稍严，肯塔基州则规定投资人需为适格投资人。

Lending Club 的营运收入，主要来自借款人借款时缴交的手续费，约为借款额的 1.1% — 1.5%，以及支付予投资人本息的 1%。

（二）Funding Circle U.S.A

1. 融资面

2010 年英国创业的 Funding Circle，于 2013 年收购加州 Endurance Lending Network，以 Funding Circle U.S.A 名义，以加州旧金山为据点，在美国从事 P2P 融资业务。

美国小企业，有两年以上销售营业实绩，年度销售额最低 15 万美元，过去 7 年无破产记录，亦未有重大税金滞纳，亦无违法营运者即符合融资申请条件。融资金额自 25,000 至 50 万美元，期限 1 年至 5 年，本息平均摊还，需有担保品及个人保证。融资人需缴纳初始费（origination fee）2.99%，通过贷款经纪人提出申请时，最高手续费可达 4.5%。

Funding Circle U.S.A 于接受融资申请时，即依企业的业绩、信用记录及既有的债务等，使用数百的变量，以自行研发的信用模型，进行初期的研判。其次再将融资申请案件，交付授信审查主办进行审查，通过的融资案分为 A+、A、B、C，并依其风险评级决定利率。

美国对于小企业，虽有政府机关担保及银行贷款等制度，然而，由于融资申请手续繁杂费时或者利率偏高，导致使用不便。相比之下，Funding Circle U.S.A 的融资申请迅速便捷，利率亦较合理，营运顺遂。

2. 投资面

投资人资格以适格的个人或机构投资人为限。投资的方式有两种，其一，小额贷款市场的小额 Note，以债券（Note）形态购入；其二，通过有限合伙（LP, Limited Partnership）形态，投资于贷款池（loan pool）。

（1）债券型

小额贷款市场中，由 Funding Circle Securities, LLC 销售 Note。该公司为 SEC 登记之证券公司，并成为美国金融业监管局（FINRA, Financial Industry Regulatory Authority）及证券投资人保护公司（SIPC, Securities Investor Protection Corporation）的会员。

网站上开设 P2P 融资网页，将与每笔贷款相对应的小额 Note（BPDNs, Borrower Payment Dependent Notes）表列出，可供投资人选择。每一贷款项目申请最长公布 1 周，投资申请金额达融资额时募集即告完成，Note 的面额为 1,000 美元。

公司将申请融资公司的行业、所在地、风险评级、融资金额、期间利率、标售截止日等予以列示，投资人只要按上 Buy 键，贷款购入即告完成。同时，亦有网页就各个融资申请事项，有关借款人的营运年数、从业人数、财务报表、倒闭经历、信用评分、负债覆盖率等信息予以公布。投资人可预先设定融资申请的行业、风险、期限，自动就相对应条件的贷款进行投资。

（2）有限合伙型

有限合伙型的投资，通过 Funding Circle Diversified Income Fund, LP 进行，最低出资额为 50 万美元，由该有限合伙（LP）投资公司向 Funding Circle 所购入的贷款资产组合。因此，对投资人就未收回贷款余额按月收取 0.083% 左右的服务费。

Question 9
P2P 融资——日本 Maneo 的特色是什么？

Answer

日本 P2P 融资企业迄今不过 9 家，融资申请数量以及融资金额，相较英美差距极大。例如美国 Lending Club 迄今融资累计达 100 亿美元，日本 9 家累计仅为 4 亿美元。

Maneo 为日本最大规模的 P2P 融资公司，亦为最早（2010 年）设立的一家。向投资人募集资金成立基金，再投资企业。融资利率依申请要求而异，一般在 5%—8% 之间，投资人投资额自 1 万日元起。融资申请以中小企业及新创企业为主。

例如，东京都内新设连锁餐饮店装潢计划，提出融资申请，金额为 750 万日元，Maneo 向个人投资家分为 35 份募集，年利息 8% 进行配息，本金到期一次偿还。

又如，某企业为装置太阳能发电设施，申请融资额 3,505 万日元，Maneo 向个人投资家分为 52 份募集资金，每年以 6% 利息支付给投资人。

Maneo 营运模式原则上是个人投资家出资设立基金，Maneo 再将募集金贷放给企业或个人。融资申请人偿还款项由 Maneo 定期分配给投资人。Maneo 为降低贷款延滞及违约风险，亦常利用担保公司进行担保。

有关融资申请公司的财务状况、营运情形，均由 Maneo 与融资申请业者当面洽谈。并将融资申请相关利率、期限、资金用途，详细在网站披露，投资人须自行研判承担风险。

Question 10
中国 P2P 融资为何后来居上？

Answer

中国有关 P2P 融资，自 2006 年首家融资企业宜信公司成立以来，迄今已有 3,944 家（2016 年 2 月底）。相较上述英美 40 家，日本 9 家，中国 P2P 融资企业无论是设立数量，还是中介融资金额，均远超英美日主要国家。

中国有关 P2P 融资业，均未制定法律规范，而责成企业依据民法、合同法及最高人民法院相关司法解释规定，由企业自律规范。2015 年 7 月 18 日由国务院核准《关于促进互联网金融健康发展的指导意见》公布，才确立了"依法监管、适度监管、分类监管、协同监管、创新监管"原则，推动 P2P 融资业务。

中国幅员广大，银行体系仍欠发达，P2P融资业务的推动，有助于民生，并因此形成独具特色的中国式P2P融资形态，举实例说明之。

1. 在线营运：拍拍贷

2007年6月，中国网络P2P融资公司拍拍贷成立。拍拍贷营运模式的特色为在线审查，进行无担保贷款。拍拍贷于2014年7月自行开发"魔镜"，进行风险评价。依据其长久累积用户的往来信息、网络黑名单、SNS相关资料等，就各笔交易进行信用风险评级，预测其还款的滞纳率。该系统将借款人的风险分为A至F 6个等级，A等级滞纳率0.5%以下，F等级风险最高，滞纳率预计在8%以上。

拍拍贷仅对借贷双方，提供中介有关基本信息，对资金提供者不提供担保。若有贷款违约发生，拍拍贷不负保证责任，贷放利率则采用竞标方式。借款人列示可以接受的利率区间，而贷放人竞标时，由贷放利率最低的出资人得标。资金借贷或利息均由市场决定。

拍拍贷主要收入来源为向借款人收取的中介费，为借款本金的4%，出资人则免付中介费。

2. 线下融资：合力贷

合力贷的营运模式是仅在网络上进行借贷的配对服务，实际借贷的手续均由合力贷与顾客面对面进行交易。贷款人（投资人）通过合力贷平台将富余资金贷放给中小企业、大学生、上班族、贫困农民，获取一定的利息。

线下融资的信用审查均以各公司信用评级的资料为基础，而由 P2P 业者在中国各地区的分支机构，对借款人进行面对面审查。中国目前有关企业的信用数据库仍未确立，因此，对中小型企业融资采用当面审查方式，业主的经营状况则通过现场察看等收集相关信用信息。

3. 线上线下并行融资

中国 P2P 融资公司宜信于 2006 年在北京设立，2015 年 6 月底已在中国 182 个城市及 62 个农村设点营运。宜信提供业务项目甚广，包括：P2P 融资、财富管理、信用风险评估管理、信用数据库提供、小额贷款、中小企业融资顾问、农业融资等。

就 P2P 融资而言，宜信在 2014 年底融资额达 500 亿元人民币，不但为中国首位 P2P 融资业者，尚较美国 Lending Club 为大，为世界之冠。

宜信营运模式最大特色为线上与线下并行的 P2P 融资，宜信的 P2P 平台基本上只提供资金供需双方相关交易信息。实际上，授信审查及贷放业务，主要在营业服务点面对面进行。宜信公司会在店面对借款人进行授信审查与评级。

宜信的营运模式，为多方对多方的债权移转模式。由于中国禁止直接对企业进行贷款，因此，宜信乃在P2P平台上，首先使第三方（个人）成为契约当事人，与不特定多数的借方签订借贷契约，提供融资资金。其次，依到期日或信用评级不同的第三人，接受其债权移转（以各类型理财商品）给予证券化，再销售给不特定多数的贷款投资人。简单来讲，宜信以中间人方式，与借贷双方签订债权转移契约，而成为契约主体。因此，宜信对于贷款人必须保证其投资之本金与利息，同时，对借款人亦负有债权回收的义务。

至于贷款利率方面，不采用竞标方式，而依据借款人的信用度，以其自有的信用系统计算出利率。亦即当贷款人有出资意愿时，宜信即代表贷款人来慎选借款人。宜信平台的收益主要来自借贷利差作为手续费收入。宜信此一结合线上与线下的P2P融资方式，极具特色。

中国主管部门推动网络金融时，将P2P融资列为政策推动重点项目。因此中国P2P融资业成长快速，规模为世界之冠。然而，最近P2P融资平台如e租宝、大大宝、鑫利源等1,300家左右，以诈骗手法进行营运，严重冲击P2P融资业的信用。学者专家认为，此与主管部门将P2P融资业视为网络借贷信息中介机构，以及银监会未制定配套规范，监理未能落实，特别是不肖业者自肥或诈骗所致。2016年10月13日，国务院办公厅印发《互联网金融风险专项整治工作实施方案》，落实配套措施、彻底改善运营环境。

Question 11
股权型群众募资在什么情况下应运而生？

Answer

2008年9月雷曼公司倒闭，引发金融风暴冲击全球金融以及经济。为避免危机重现，全球均强化金融监理，银行则开始实施《巴塞尔协议III》，（Basel III，巴塞尔协议III是由国际清算银行制定，同时得到世界各主要经济体的中央银行即巴塞尔银行监理委员会，参与制定并同意实施的全球金融监管标准。作为巴塞尔协议的第三版，协议着眼于通过设定关于资本充足率、压力测试、市场流动性风险考量等方面的标准，进而应对在2008年前后的次贷危机中显现出来的金融体系的监管不足。协议强化了资本充足率要求，并新增了关于流动性与杠杆比率的要求。）导致银行惜贷，小规模企业由于筹资不易，严重影响企业顺利营运。

美国政府为改善这样的情况，在2012年4月通过JOBS法（Jumpstart Our Business Startups Act），放宽企业营运相关规范，排除1933年证券法的适用，便利中小型成长企业筹措资金，开发权益型群众募资（equity crowd funding）新型网络筹资渠道，以利企业上市，鼓励创业，吸引风险投资资金（risk money），创造工作机会以及活络经济。

美国JOBS法中，以权益型群众募资最具效益，欧日中各国均以立法或修法方式引进。

主要国实施状况和成效让人充满期待。

Question 12 英国、美国、日本及中国大陆、中国台湾地区股权型群众募资发展如何？

Answer

股权型群众募资系通过网络，由投资人购入创新企业（venture）的未上市股票，再将股款转予募资企业，中介商仅撮合交易，并不承担相关风险。为保护消费者，除美国外，各国和地区政府态度多趋保守，因此，相对进展缓慢，现况如下。

（一）英国

英国股权型群众募资业 Angels Den，在 2007 年首先设立，投资人多为天使投资家，股权型群众募资者多为中小企业以及新创企业。Angels Den 股权型群众募资营运重质不重量，迄 2014 年底，融资额为 1,800 万英镑。Angels Den 实际上并非真正的股权型群众募资。

英国 Crowdcube 于 2011 年 2 月正式成立,为全球首家股权型群众募资平台。投资人以英国人为限,投资单位金额以 10 英镑为限,最高金额无上限。企业筹资额最低以 1,000 英镑为限,最高募资额则无上限。

迄 2015 年中,Crowdcube 已为企业筹得 1 亿多英镑,投资人已超过 20 万人,绩效彰显。

英国 Seedrs 于 2012 年 7 月设立,筹资对象以科技创新企业为主。由于 Seedrs 于达成投资后,仍为投资人进行投资后服务,Crowdcube 则无,因此,绩效更佳,目前已筹得 5,000 万英镑。

此外,英国还有 GrowthFunders、SeedUps、Grow VC、Bnk To The Future 等股权型群众募资公司。

(二)美国

美国在 2008 年金融风暴以后,于 2012 年公布 JOBS 法,其中第 3 章为群众募资法,立法目的为排除 1933 年证券法限制,协助中小企业借由股权型群众募资,顺利筹资进行营运,以便上市,活络资本市场。当年已依法公布规则,惟尚未付诸实施。

因此,在规则实施前,美国股权型群众募资管制严格,2012 年 Wefunder 设立。筹资公司首先须经 Wefunder 审查,通过后在网站公布,投资人可以阅览，决定投资与否。

若投资人拟进行投资，可在 Wefunder 网站上键入金额，Wefunder 则将投资人金额汇集为基金，用以购入创新（venture）公司股份。

AngelList 则于 2010 年成立，惟当初仅系为创新（venture）公司引介投资人，并非实质上群众募资公司。其后，基于 Wefunder 成功的经验，亦改采 Wefunder 营运模式。

美国尚有 Crowdfunder 在 2011 年设立，协助美国创新型和小型企业，通过 Crowd funder 募集资金，并积极吸引天使投资家前来投资。

Crowdfunder 的 CEO Barnett 曾参与 JOBS 法的提案，因此对于推动设立股权型群众募资不遗余力。

SeedInvest 则于 2012 年设立，积极协助创新公司募资，以便未来顺利上市，有助美国资本市场的成长。

此外，美国尚有 AgFunder、AlumniFunder、Grow VC、MicroVentures、CircleUp、FundersClub 设立。等到规则实施后，美国股权型群众募资业者将日益形成竞争格局，有助美国创新企业顺利募资，营运上市，有助美国资本市场的成长。

（三）日本

有关股权型群众募资，有助于创新公司的筹资，以及资金富裕者有效提供资金获取较高收益，有助经济成长。因此，日本乃参照美国 JOBS 法，于 2015 年 5 月修订《金融商品交易法》（证交法），准许非上市股票发行，借由股权型群众募资公司筹资。

依《金融商品交易法》规定，同一公司在 1 年内筹资金额以 1 亿日元为限。而筹资公司可在平台上进行招揽投资，禁止使用电话、访问方式进行。同时，每一投资人对同一公司每年以投资 50 万日元为限。

目前日本已有 Jitsugen、AZX Super Highway、Makuake 等，仍处起步阶段。

（四）中国大陆

中国大陆群众募资（当地称之"众筹"）的类型主要分为捐赠、实物、股权、债权四种模式。在中国大陆目前主要有实物和股权两种模式。对其规范是在 2014 年 12 月发布的《私募股权众筹融资管理办法（试行）》，规范重点包括：法令目的、众筹平台定义、运作原则及监管机构，细节则针对股权型平台较多，包括大陆股权众筹平台所应具备条件、履行职责、不得从事之行为等。

此外，股权众筹平台及其从业人员违反本办法和相关自律规则时，证券业协会视情节轻重对其采取谈话提醒、警示、责令所在机构处理、责令整改等自律管理措施，以及行业内通报批评、公开谴责、暂停执业、取消会员资格等纪律处分，同时将采取自律管理措施或纪律处分的相关信息呈报中国证监会。涉嫌违法违规者，由证券业协会移交中国证监会及其他执法机构依法查处。

中国大陆股权型群众募资公司天使汇于2011年设立，迄今仍为中国大陆规模最大的众筹公司。2011年创投圈设立，筹资对象以新创企业为主。2012年成立的大家投，以小额筹资为主。2013年原始会、2014年路演吧设立，均为后起之秀，营运积极。到目前为止，中国大陆已设立的股权型群众募资公司计有29家，成效尚可。

（五）中国台湾地区

中国台湾地区对群众募资的相关"规定"为2015年才刚开始实施的《证券商经营股权性质群众募资管理办法》，其管理办法为响应政府政策，扶植微型新创企业发展，并与国际接轨，在兼顾保障投资人权益的前提下，拟适度结合民间业者能量共同活络创新创业之风潮，开放证券商经营股权性质群众募资业务，以积极协助富有创新创意的微型企业得以顺利筹措所需资金。

中国台湾地区第一个由非金融业者筹办的创梦市集股权群募证券股份有限公司于2015年12月30日开业，主管机关预计在未来将进一步放宽个别募资公司的投资额度，可能由1,500万元新台币倍增至

3,000万元新台币，让创业家的创新想法变成创业。截止 2015 年底，中国台湾地区股权型群众募资平台已有元富证券、第一金证券两家传统券商以及创梦市集合计 3 个单位获得经营许可。其中，创梦市集是唯一一家以非金融业身份获得筹设。

Question 13
什么是数字货币？

Answer

数字货币（digital currency）是电子货币形式的替代货币。目前，各国的中央银行都没有发行数字货币，数字货币也不一定要有基准货币和中央银行。

2009年由中本聪（Satoshi Nakamoto）所提出区块链技术论文，同年即由专家研创出虚拟货币（即数字货币），以比特币的名称首度出现。迄今已有500种以上的数字货币，惟比特币占有9成以上，发行总数以2,100万单位为上限。比特币目前全球约有1,000人持有，到2015年底每单位比特币值400美元，全球比特币市值约达5,000亿美元。

数字货币以比特币为主，它在本质上到底是商品还是货币？有什么特色？主要国家和地区规范的状况如何？请看下一节论述。

第三章
金融与 FinTech 企业

Question 14
数字货币如比特币是商品还是货币？

Answer

数字货币中比特币占有 9 成以上，为 FinTech 业别之一。虽然在 FinTech 业中所占重要性不如前述电子支付、P2P 融资、股权群众募资来得重要，但是，自从 2008 年金融风暴以来，国家发行的货币渐受质疑。比特币因为买卖交易及汇款使用区块链技术，而且发行上有上限，具有隐秘性，因此在全球迅速普及。

目前全球对于比特币的观点，已经逐渐从商品倾向于货币。例如德国首先将比特币列入信用机构法予以规范，将比特币视为私人货币。美国商品期货交易委员会（CFTC, Commodity Futures Trading Commission）将比特币视为商品加以规范。纽约州金融局则将比特币业者纳入资金移转法中监理，其他各州也将跟进，比特币交易公司

Coinbase据此取得执照。至于中国则将比特币视为商品，2011年比特币中国（BTC China）交易所成立于上海，规模最大，不过中国目前已改变将比特币视为商品的态度。

至于日本，自2010年Mt. Gox比特币交易所设立以来，交易活跃。2014年Mt. Gox倒闭，投资人损失总额达500亿日元，求偿无门，加以当时中国强化管制，比特币单位价格由1,000美元跌到200美元。其后，排除人为因素，比特币仍然是最为隐秘安全的数字货币，单位价格又上升为400美元。

目前比特币交易所多集中在美国、日本与中国。以美国为例，美国FinTech比特币业较具代表的交易所有Coinbase、Coinpunk、CoinJar、BitPay、MultiBit、Armory等，交易也最为活跃。日本与中国则由于政府将比特币视为商品，严加管制，因此，交易所成长受限。不过，2016年2月，日本央行及金融厅已将比特币视为数字货币，并于2016年5月25日修订资金决济法，纳入监理。

中国台湾地区在2013年宣布，比特币不是货币，视为商品，投资人须自行承担风险。不过中国台湾地区已有比特币交易所设立，例如MaiCoin等比特币交易所，但因政策不明，业务拓展受限。

第三章 金融与 FinTech 企业

Question 15
关于 FinTech 个人资产管理业的做法是什么？

Answer

个人资产管理（PFM, Personal Financial Management）是说对个人每月收入与支出进行控制（家计管理）的同时，并将银行、证券、保险等分散的资产，全盘（one stop）进行管理，使得个人可以随时了解自己（或家庭）资金的状况，并且得以准备将来或老年时需要使用的资产。

FinTech 业对于 PFM 业务的研发与运用仍源自美国，并逐渐普及各国，以下就美国、日本的个人资产管理，就其渊源、概况、实例来说明。

（一）美国

FinTech 业最大的特色就是善于利用其拥有的高科技，将分散各处的信息自动收集、分析、建言。

FinTech个人资产管理业首先出现在美国，与美国社会环境有密切关联。美国并无可以足够养老的年金制度，因此，美国人退休或离职后，生活所需资金的保障非常重要。再加上助学贷款以及住宅贷款的压力，因此，如何投资理财、累积资金、适时掌握个人资产，以备退休老了可以使用，就显得特别重要。

为因应需求，美国Intuit推出个人金融管理工具Quicken（软件），20世纪80年代网络尚未普及，资产资料无法自动集约，只能以类似支票账方式使用。20世纪90年代至2000年由于网络的普及，相关金融服务账户得以集约使用，因而快速普及。

然而，性质类似的Mint新创企业出现，可以利用智能型手机等免费使用此款软件，导致Quicken的使用者改而使用2006年创业的Mint。有鉴于Mint与Quicken有互补性，Intuit乃于2009年并购Mint，成为美国最为普及的个人资产管理公司。

近年来，美国的PFM业者以新创企业为主，频遭并购。例如，HelloWallet在2014年为投资信评公司MorningStar,Inc所收购，2015年LearnVest为美国人寿保险公司Northwestern Mutualx所收购，BillGuard则为P2P融资公司Prosper所收购。

美国向来存在企业并购文化，因此，美国随时有各式各样的新创企业（startup）诞生，其中用户支持的服务为大企业所并购。从大企业的立场而言，此一并购可节省自行研发及推广失败的风险。另一方面，自新创企业的立场而言，在漫长股票上市的过程中，亦可借由事业出售，而将研发的服务，提供给更多用户使用。

因此，由大企业、新创企业、以及天使投资家和创投基金等，构成了所谓生态系统（ecosystem），成为美国 FinTech 创新的原动力与环境。

（二）日本

日本人向来就有个人记账习惯，婚后女性几乎在家相夫教子，家庭账簿绝不可少。近年来，日本由于终生雇用制的废除，公司裁员时有所闻。加以老龄化少子化，年金缩减，退休后养老金问题日益严重，因此，日本国民逐渐体认到资产管理的必要性。

因此，日本个人资产管理的 FinTech 业，如 Money Forward 及 Zaim 乃应运而生，均为云端服务，通过智能型手机或网页浏览器即可轻易使用。

例如，Money Forward 因与 2,580 家金融机构合作，顾客一旦就银行、信用卡、证券、电子货币等登记后，即可自动取得使用记录及余额，甚至是家庭计账簿或资产一览表自动制作。而且，购物消费后将发票用手机照相，项目、商店名称自动在家庭计账簿显示。信用卡扣款数，或数万日元以上支付数，会经由电子邮件通知。

Money Forward 上述服务，经统计，每位用户每月平均可以节省 2 万~3 万日元。

基于日本民情需求，日本政府已放宽限制，准许日本 PFM 的 FinTech 业设立，上述 Money Froward、Zaim 等 PFM 业者已开始营运，提供云端服务，用户可借由智能型手机或网页浏览器进行操作，接受个人资产管理。

Question 16
FinTech 机器人投资顾问业提供哪些服务？

Answer

传统证券投资业务，包括资产投资运用，由于 FinTech 业者研发出所谓机器人投资顾问（robo-advisor）的介入而大受影响。传统金融业提供资产投资运用，包括银行理财专员、证券公司营业员及证券投资顾问人员，由于 FinTech 研发出机器人投资顾问而严重受到冲击。

任何业别的创设均有其渊源，美国 FinTech 机器人投资顾问的创设即是一例。美国人，特别是上班族，为确保将来养老所需资金，会积极投资股票与投资信托。

然而，1989 年黑色星期一及 2000 年网络泡沫，投资人损失惨重，使得证券公司的营运方式产生巨大变化。此后，证券公司营业员转型为投资顾问，因而出现理财账户（managed account）服务。与传统个股、债券的投资建议有别，采用分散投资的投资建言。证券公司为因应顾客需求，引进IT解决方案可以进行简略的信息建言。到此为止，美国证券业推出的机器人投资顾问，仅止于FinTech1.0的阶段。而且，美国证券公司服务对象，仍以富裕阶层为主。

2008年金融风暴冲击下，美国大型投资银行版图重整，证券业转型如上述。期间投资人质疑不断，重点有二。其一，理财手续费可以调降吗？其二，除了机构投资人或富裕阶层外，一般平民也可以开设理财账户吗？

针对上述质疑，FinTech于是提出解决方案。机器人投资顾问是指依据输入的信息，以独自的算法（algorithm）进行计算，自动做出最佳的投资组合（portfotlio），实际进行运用，借以取代传统的理财规划及投资顾问人员。

投资人可以利用个人计算机或智能型手机提问，由机器人投资顾问提示最合适的投资组合，进行金融商品买卖及运用之委托。

FinTech机器人投资顾问为新创业者提供服务，达到FinTech2.0者，2014年底为40家，2015年底达到400家。只是，目前大型的业者包括Betterment、Wealthfront、Personal Capital、AssetBuilder、FutureAdvisor、Rebalance IRA、SigFig、Covestor等，运用资产多在20亿美元左右，规模仍小。传统的证券公司或资产运营公司如Vanguard、BlackRock、

Charles Schwab 等亦引进机器人投资顾问，服务以原有客户为主。FinTech 机器人投资顾问公司则降低投资金额门槛，以服务一般阶层（mass retail level）为主。由于 FinTech 业仅收 0.3% — 1% 手续费，相较传统证券业等收取 2% — 3% 手续更低，因此成长迅速。

传统金融业面对 FinTech 业的介入，诸多金融业乃将 FinTech 业并购，纳入旗下。而 FinTech 则以低手续费、高质量服务、便利性服务之提供，扩展业务。

至于日本，早期由于法律的限制，尚未能提供机器人投资顾问业务。目前，日本政府已完成修法，于 2016 年已开放此一业务。

Question 17 什么是保险 FinTech 2.0？

Answer

　　FinTech 业介入银行、证券业，提供破坏式创新商品与服务，也就是所谓 FinTech 2.0 已如前述。至于保险方面，目前传统保险业，面对 FinTech 的崛起，介入银行、证券甚至保险市场已为全球趋势。

　　有关保险 FinTech 方面，分别依人寿保险或医疗保险（以下称为人寿保险）、财产保险、健康保险 3 大类加以说明。

（一）人寿保险 FinTech

人寿保险 FinTech 1.0

　　日本首家网络保险公司 Lifenet 于 2006 年设立，顾客可直接上网购买保险商品，取代传统保险业务员的销售方式。Lifenet最大特色为，在网络上就人寿保险的"附加保险费"及"净保险费"的比率充分披露。

该网络保险公司由于为云端公司，无用人成本等相关固定成本，因此，相较传统人寿保险公司，手续费偏低，且网络贩卖的保险商品内容相对较单纯。

Lifenet保险公司于2012年3月在东京证交所上市。然而，网络销售人寿保险商品，在日本面临消费者与业务员面谈的习性、契约内容复杂性以及保险相关问题洽商的便利性问题，因此，业务拓展不易。为得到改善，乃于2014年起与地方银行、传统保险公司合作，通过实体分行据点代为销售。2015年与日本KDDI电信公司投资，并进行股权增资，所得资金拟提升为保险FinTech 2.0，提供新商品与服务。

人寿保险 FinTech 2.0

日本的保险公司目前仍处在FinTech 1.0的阶段。惟以大型及网络人寿保险公司为首，正积极研讨提升为FinTech 2.0。所谓人寿保险FinTech 2.0，系指人寿保险的保险费计算除依传统计算方式（生命表）外，尚需就下列两点列入保费计算公式中。

1. 先天的机率：DNA

先天的机率指 DNA 的鉴定，可以测知被保险人未来可能生病的机率。依测定结果，就其罹病机率调整其保险费，甚或拒绝投保。

2. 后天的机率：生活习惯

依据收集被保险人健康习惯进行试算，例如，通过侦测得知每日步行里程，睡眠状况等生活习惯调整其保费。例如法国的 AXA 人寿保险公司与法国 FinTech 新创公司 Withings 合作，由 Withings 公司提供给 AXA 被保险人智能手环，观察其每日依约定完成行走步数，就其保费给予折扣。日本人寿保险业亦即将进行引进，以达成 FinTech 2.0。

（二）财产保险 FinTech 2.0

美国财产保险以汽车保险为例，已经达到保险 FinTech 2.0。至于人寿保险部分，由于美国法律明文规定，禁止保险公司根据个人 DNA 鉴定结果调整保险费，因此，美国人寿保险尚处 FinTech 1.0。

美国财产保险已引进通信信息工程（Telematics, Telecommunication + Informatics）技术保险。例如，汽车保险等的移动物体与通信信托组合，将驾驶人的开车习性，行走距离，包括换挡、踩刹车等开车状况信息，传送给保险公司，保险公司依据相关信息计算保费。美国、英国已经引进，预计 2020 年采用此一科技的汽车保险将达全体契约件数的 3 成以上。

通信信息工程保险又可分为，PAYD 型（Pay As You Drive）即车行里程连动型，与 PHYD（Pay How You Drive）即驾驶习性连动型两种。PAYD 型系指保费计算依据契约车辆行驶里程数，PHYD 型则在车内装设感应器，收集开车行为相关信息，加以分析，据以计算出事故风险及保险费，目前仍以 PHYD 型广为采用。

实际美国通信信息工程保险仍以采用 OBD2（On-Board Diagnosis Second Generation）方法为主流。OBD2 主要用来测定车行速度、引擎回转速、行驶里程，确定驾驶人是否依据车辆性能正确驾驶。并且，就行车中自 OBD2 资料中整理出驾驶人如何加速，如何回转及停车，以便了解其开车是否安全。保险公司根据此类信息，归纳其风险，调整其保费。

例如，美国大型汽车保险公司 Progressive 已采用 OBD2 研发保险商品。该保险公司于 2010 年提供以 Snapshot 为代号的使用基础保险（UBI, Usage-Based Insurance，为 PHYD 型）。Progressive 通过其遍布美国的网络进行销售，成效甚佳。此一保险 FinTech 2.0 所带来的附加价值，极具绩效。

（三）健康保险 FinTech 2.0

美国健康保险（以下简称：健保）是一个巨大的市场，特别是自从 2010 年奥巴马总统推动医疗保险制度改革以来，规模急速扩大，FinTech 业得以有参与空间。

美国健康保险主要由民间企业所提供，目前美国有关健康保险的资料分析、可使用医院数量、参加保险人员健康状况与保险费的不相配（mismatch）有待改善。美国健保用户新健保服务需求日益殷切，而擅长于健保相关资料分析或投保手续处理的 FinTech 新创公司乃乘虚而入，积极参与。

例如，美国 Oscar 新创企业即介入健保，提供在线医疗保险，被保险人可经由智能型手机办理所有手续，参加医疗保险。Oscar 为保险 FinTech 2.0，与传统医疗保险不同，Oscar 除提供在线保险外，免费提供看诊或复发（generic）的药品处方，全力维护被保险人的健康状况，降低医疗费用以及医疗保险费支出。

Oscar 健康保险 FinTech 2.0 创业之始，即引起各方注意，势将掀起健康保险FinTech 2.0风潮。当然，就全民健保普及的日本而言，健保产业自然无甚需求。然而，美国Oscar为传统保险，赋予最为先进技术，而达FinTech 2.0，一般称之为保险科技（Instech, Insurance Technology），非常具有特色。

Question 18 什么是 FinTech 云会计业？

Answer

FinTech 提供创新云端金融服务，不仅个人受益，企业也一样可以受惠。

FinTech 对企业提供多样化的崭新云端服务，包括：云会计、营销、客户支援等。云端服务的提供，不但可以提升企业的生产效率和营运绩效，还可依据云端累积的信息，加以分析，进而提供新金融服务，增加效益。目前美国与日本推展企业云端服务已有实际用户，让我们来看看实际上云计算为主的企业云端服务状况如何。

（一）美国的 FinTech 云会计业

FinTech 云计算业者以美国于 1983 年设立的 Intuit 计算机软件公

司市场占有率最高。Intuit 原为跨国计算机软件公司，以制作金融及企业会计税务相关软件为主，其后 Intuit 研发个人资产管理（PFM）软件 Quicken（已如前述），并购引进 double-entry accounting package，再购入 Money Counts 类似程序，2000 年则进一步提升功能。

2002 年 Intuit 研发中小企业专用软件，功能类似 PFM 的所谓 QuickBooks。此 QuickBooks 的云会计软件，广受欢迎，市场占有率近 9 成。2006 年新西兰 Xero 云计算等会计系统软件公司，亦推出云会计软件，在新西兰及美国销售，对 Intuit 造成相当程度的影响。

（二）日本的 FinTech 云会计业

日本 FinTech 云会计业中，提供中小企业云会计者有：Money Forward 的"MF 云会计"、Freee 公司的"Freee"和弥生公司的"弥生在线会计"。其中以 Money Forward 的"MF 云会计"较具特色，MF 云会计软件提供给中小企业负责人、会计主管下列服务：

1. 自动取得交易明细——可以和银行及信用卡公司合作，自动取得往来交易明细，节省每日人工作业的程序。

2. 自动确认会计科目—— MF 云会计自动就取得交易并确定其适用会计科目，在确认无误时，按输入键即可，节省作账时间。

3. 分录规则因应功能—— MF 云会计具分录内容记忆功能，提升交易适用科目精确度，节省人工作业时间。

4. 与其他云会计软件兼容——原在弥生会计、freee 等公司会计软件的信息，可轻易转换为 MF 云会计软件。

5. 报表自动制作—— MF 云会计与会计代理人共有会计软件，可以自动制作资产负债表、损益表，甚至试算表。

中小企业利用 FinTech 云会计业者的会计软件，可提升营运绩效，节省会计作账制表人力，强化报表精确化。

（三）云会计服务四大优点

1. 连接网络，可由计算机、手机随时随地取得必要信息。使用云端服务，亦可在外随时取得必要信息加以处理。

2. 多数人可同时共有信息与资料，亦可同时进行作业。繁忙时，亦可将相关资料分别由多数人同时输入。

3. 云端服务可以因应用户需求，实时改善、提升服务水平，甚而包括消费税率的变更等，均可及时处理。

4. 云会计软件服务相关费用极为低廉，基本上每月支付小额费用即可。

MF 云会计因为使用账户归纳技术，可取得 3,600 家金融机构的资料，并且餐饮业、美容业可使用 iPad、智能型手机进行支付清算，服务收入资料可及时在云会计显示，极为便利。

Question 19
FinTech 安全业安全认证的做法是什么？

Answer

对于提供 FinTech 服务的金融机构或 FinTech 业者而言，安全的维护为业务营运优先考虑事项。而有关 FinTech 的安全考量，则可以分为"维护系统安全技术"与"确切确认本人的技术"两种。

就银行而言，维护系统安全技术是指维护分行、ATM、运钞车等，避免遭到外界恶意破坏。金融机构在高度监理下，均全力落实系统安全维护的健全，在这里就不再赘述。

确切确认本人技术的落实，则为 FinTech 强化安全的重点所在。以下拟就确认本人安全技术的提升择要列述之。

（一）FinTech 安全 1.0

金融业的网络用户，对于金融交易本人的确认，原以 ID 或密码的输入进行确认。其后类似 Apple Pay 的 token 采取 1 次密码或随机数表的认证，应该算是属于 FinTech 安全 1.0 的层次。

（二）FinTech 安全 2.0

FinTech 安全认证提升到 2.0，主要有两种方式。

1. 生物认证

利用每人身体的独特性，进行认证，包括：

（1）指纹或静脉——可利用智能型手机的照相或麦克风功能，经由网络进行指纹或静脉的个人认证。

（2）网膜——美国 FinTech 业研发 eye-verify，可由智能型手机进行视网膜或虹膜的个人认证之用。

（3）声音——荷兰 ING 金控引进美国 Nuance Communications 公司开发的语音识别 Nina，作为借由声音进行个人认证之用。

2. 第三方机构认证

目前网络认证的方式已渐渐采取由第三方机构认证的方式，

并且原始的第三方机构认证 Basic authentication 已为 OAuth（Open Authorization）所取代。

第三方机构认证 OAuth 是说，交易完成后的认证与上列生物认证（本人认证）不同，不是由本人认证，而是由第三方机构进行认证。目前 OAuth 认证已经可以在社交网站（SNS）包括 Google、Yahoo 或 Foursquare 等使用。

今后，金融机构在对 FinTech 企业提供应用程序界面（API, Application Programming Interface）时，金融机构的 OAuth 认证可由第三方机构进行，对于使用者的便利性得以大幅提升，当然安全性更有保障。

Chapter 4
第四章
FinTech 是银行的敌人还是朋友？

Question 1
为什么 FinTech 会形成一股风潮？

Answer

2008年9月雷曼公司倒闭，引发金融风暴，导致全球经济危机。英美政府认识到长期以来大型银行垄断金融市场，提供的金融商品、服务已无法满足消费者多样化需求。自1990年以来，全球进入网络时代，各行业利用IT科技先进技术，研发新金融商品、服务，不但能够因应消费者的需求，而且充分满足网络新生代（Millennials）的新要求，而成为FinTech业者。因此，各国政府制订政策扶植FinTech业，以敦促银行业进行变革。

在英美政策推动下，FinTech新创企业乘势崛起，介入的金融业务已由汇款、支付、类似存款、放款，进而扩展到证券投资甚至保险业务。同时，英美此一政策乃迅速普及世界各国，形成FinTech风潮。

第四章
FinTech 是银行的敌人还是朋友？

FinTech 新创企业的崛起，对于传统银行（包括证券、保险各业）固然造成冲击，然而部分 FinTech 业则可协助银行全面创新。换言之，FinTech 业对于银行业而言，到底是敌人（破坏者）或是朋友，我们就实际案例来看看。

Question 2
FinTech 业者为何是银行的朋友？

Answer

此一类型的 FinTech 业者对于传统金融固然具有破坏性，然而，FinTech 业的创新对于传统银行，实际上，具有支持改善银行营运效率的特色。

（一）客户关系管理与安全

FinTech 创新企业研发新科技，可以应用在传统银行营运交易信息的安全落实及客户关系管理（CRM, Customer Relationship Managemnet）灵活化等所谓开放式创新（open innovation）方面。

（二）移动银行

此类 FinTech 的科技，对于传统银行的账户信息，收入支出信息等集约运用，可运用绩效（aggregation）提升效果。

这个效果，已广为传统银行采用来提供移动银行服务。

（三）人工智能与机器人

银行业已有采用人工智能或机器人的，除可取代人工外，还可借以提升营运绩效。银行能否善用此类 FinTech 益友，将是银行面对未来严苛竞争环境的存亡关键。

Question 3
为什么 FinTech 业者是银行的朋友也是敌人？

Answer

亦敌亦友的 FinTech 业者，原则上可分为"金融交易方式变革"与"金融营运部分取代"两种。

（一）金融交易方式变革

最具代表性的为机器人理财顾问（robo-advisor），也就是 FinTech 业研创的机器人理财顾问。网络新生代投资人可利用智能型手机进行投资，无需临柜。然而，银行亦可在柜台设置机器人理财顾问提供服务，取代人工，提升服务绩效。

（二）金融营运部分取代

例如美国的 PayPal 和中国支付宝，这类型的 FinTech 业可以办理汇款、支付等业务，蚕食银行小额汇款业务。另外，诸如 P2P 融资，FinTech 业者如 Lending Club，利用其大数据，进行新型授信审核模式，蚕食银行部分业务。

然而，银行亦可借由投资、合资、并购或与 FinTech 业者策略联盟，引进新技术，运用于银行业务营运，提升服务效率。

Question 4
FinTech 新创企业会是银行的终结者吗？

Answer

近年来，随着比特币交易所的设立及比特币汇款、支付的普及，其所使用的区块链（blockchain）技术，乃为各界所知。同时，美国纳斯达克与 FinTech 区块链创新业者合作，首先在 2015 年 12 月 30 日，将区块链技术运用于未上市股票市场交易的清算。其成效为，原本自交易成立到清算为止费时 3 天，而使用区块链则仅需 10 分钟。交易所在 FinTech 新创企业的协助下，将进一步把区块链技术应用在证券保管、清算及议决权登记管理等业务上。

2015 年底，美国网购公司 Overstock，利用区块链技术，未通过证券交易所中介，直接发行 5 亿美元有价证券，经政府许可，相关发行、交易、清算所需中介及管理费用均可节省，所需成本可减少 8 成以上。

重点是，原先利用区块链技术，可进行比特币交易、汇款，进而发展为进行股票交易、有价证券发行。相关股票交易无需经由证券公司、信托公司、证券保管机构中介，即可进行交易、清算、名义变更等业务。未来，FinTech 新创企业将进一步研究，将新技术广泛应用于汇款、支付、清算、群众募资、微型贷款、证券发行管理纪录、遗嘱信托、资产管理、贸易保险等。

区块链具有保密性强、成本极低、安全自动记账的特性，若广泛应用在金融服务中，不仅仅改变传统银行等的营运，还可能颠覆金融传统基础架构，金融业可能完全被取代。因此 FinTech 可视为银行各业最大的敌人。

FinTech 业可能是银行的朋友，也可能是银行的敌人，甚至也可能是银行的终结者。随着 IT 科技的发展，FinTech 业趋向多元化、量化，对银行的敌意越来越重，先整理一个图表来看看。

业务项目	个人	中小企业	大企业
存款	电子支付储值 预付卡储值		
放款	P2P 融资 融资型群众募资	P2P 融资 SME 融资	
汇款（含支付）	电子钱包 信用卡 比特币	移动支付终端机 EC 清算	
投资理财	Robo-advisor P2P 融资	投资型群众募资	
账务管理	家庭、资产管理	云会计	云会计
银行终结者	区块链技术		

从上列图表可以概略看出来，在 FinTech 对银行业务及客户的影响的程度和严重性中，区块链还是最恐怖的。

Chapter 5
第五章
主要国家和地区因应
FinTech 的政策

Question 1
IT 业者怎么变成 FinTech 业者的？

Answer

1995 年全球进入网络时代，随着 ICT（Information and Communication Technology，以下称 IT）科技的快速进展，网络各业，利用其先进科技，积极参与汇款清算为主的金融服务。同时，IT 业者借由其创新软件及解决方案，得以提供极为便利、全天候、低成本的金融服务，FinTech 业快速崛起。

其后，FinTech 业提供金融服务，由汇款、清算而扩大至放款、投资、存款、保险等服务，且善用其大数据，提供定制化金融商品与服务，对传统银行各业冲击日益深化。

传统银行各业原为金融市场的主要参与者，面对 FinTech 业者的参与，基于公平、有利民生、强化国内外竞争力原则，主要国家和地区到底是采取支持 FinTech 业，还是打压 FinTech 业维护传统金融业的政策呢？让我们看下去。

Answer

Question 2 美国政府对 FinTech 采取什么政策？

Answer

FinTech 这个名词早在 20 世纪 80 年初就已经在华尔街业界使用，而 FinTech 业的出现也是在美国特殊环境下自然形成。并且，FinTech 业在供需环境下，自发性成长，政府并未介入。

FinTech 在美国首先出现、成形、普及，从供给面来说，是由于美国首先研发出网络，1995 年网络普及，21 世纪初期网络载体价格下跌，网络业开始介入金融业务，以破坏式创新，提供便捷、价廉、无时间地点限制的新金融服务。而 2007 年起 iPhone 智能型手机的出现，强化了 FinTech 的供给面。

从需求面来说，网络新生代年轻人善用网络，自然而然就成为 FinTech 业提供金融服务的需求者，远离银行各业。

在2008年金融风暴冲击下，传统金融业的业务营运严格受限，只好减少放款、提高利率。小企业告贷无门，消费者因负担沉重而大感不满，于是积极求助于FinTech业。由于供需环境的改变，硅谷FinTech形成创业潮，而创业资金很多来自华尔街金融业大佬，人才也是如此。

面对FinTech业介入金融服务，银行各业也积极采取因应对策。整体而言，FinTech在美国自然诞生、成长顺遂，在风土环境方面，因法系宽松、供需活络，Fintech生态系统（ecosystem）自然成形。因此，美国政府原则上并无FinTech振兴政策，FinTech即自发性地不断创新，研发成长。

同时，由于金融风暴的冲击，美国政府认识到传统金融体制有其缺陷，必须强化监理。而FinTech业刚好可以以新金融体制，提供替代性金融中介功能，弥补传统体制的缺陷，明确FinTech的定位。

Question 3 英国政府制定哪些政策来推动 FinTech？

Answer

长期以来，英国的银行市场均由汇丰、巴克莱、莱斯、苏格兰银行四大银行所垄断，例如，在中小企业融资及个人储户方面四大银行的市场占有率均达七成以上。然而，近年来 IT 科技业者利用其崭新科技研发新金融商品与服务，介入银行业务，成为 FinTech 业者，参与金融市场。英国政府为改善四大银行垄断所产生的负面影响，乃制定 FinTech 培育政策。

（一）英国政府确立科技城，培育创新（venture）企业政策

2010 年 11 月，卡梅伦首相以 Silicon Roundabout 为名，在伦敦东北部聚集 100 家左右的 IT 创业者、投资人及研究设备，借以培育创

新企业。

英国政府推展伦敦为科技城的计划时，认为必须有一强力的推动中心组织，以便于以创业者为中心，整合大企业、投资人、专业人士、研发设施于同一场所，在企业成长阶段适时给予支持，并进而构建出创新（venture）企业的生态系统（ecosystem）。因此，在政府协助下，设立了科技城投资机构（TCIO, Tech City Investment Organization）作为创新推动中心组织，并由政府指定。

（二）英国企业银行（BBB）进行金融援助

英国政府在健全创新企业生态系统的同时，亦面临长久以来创新企业资金筹措困难的问题。政府乃于2013年设立英国企业银行（BBB, British Business Bank），为英国商业、创新及技术部所持有股份有限公司形态的法人。

BBB在接受中小企业提出融资需求时，通过与BBB有合伙关系的金融机构给予融资，BBB则对金融机构的贷款加以保证。

BBB设有子公司BBBI（British Business Bank Investment Limited），作为直接对中小企业融资的金融机构，投资其股票或债券。

（三）财政部的金融科技振兴策略

英国财政部于 2014 年 8 月提出金融科技振兴策略。

1. 资金融通优惠措施

（1）通过 BBB 提供 1 亿英镑的追加融资。

（2）建立新创企业银行融资遭拒时，协助其寻觅新融资机构新计划。

2. 强化中小企业融资体制

（1）确立中小企业二度融资协助体制，协助企业筹措资金。

（2）奖励金融机构与群众募资公司合作。

3. 政府采取税制优惠措施

（1）对于金融科技创新企业相关投资，给予税制上优惠待遇。

（2）金融科技创新，取得发明特许所得收益的税率，调低至 10% 以下，以资鼓励。

第五章　主要国家和地区因应 FinTech 的政策　113

Question 4
中国制定何种政策积极推动 FinTech？

Answer

中国 FinTech（中国称为互联网金融）自 1995 年起开始推展，2010 年起由于电子支付业务管理办法的公布，使得 FinTech 业务由支付、汇款开启发展顺遂之门。

2012 年底，中国强调简政放权，积极进行改革，协助中小微型企业成长。对于 FinTech 的金融监理，以中国人民银行、银监会、证监会、保监会（一行三会）为主，公布其全力支持的政策方针，采取"让子弹飞一会儿"的开放监理态度。

其后，陆续开放成立网络保险公司，放行余额宝业务，新设 P2P 融资公司，开放股权型群众募资公司。到 2014 年底，中国 FinTech 业的成长速度、营运规模和业务项目等均有显著成长,且有独冠全球的态势。

中国政府有鉴于电子支付业如支付宝存在,有偏离本业的状况,如账户储值无限额,储值额可用来汇款、网购支付、投资余额宝甚至保险,在2015年12月公布了《非银行支付机构网络支付业务管理办法》,除对大型电子支付业储值加以限制(20万人民币)外,原则上转投资等都予以禁止。同时,P2P融资公司达4,000家,迄今有1,300家恶性倒闭,受害者众,投资人权益缺乏保障,显见监理缺失。

不过中国政府认为,积极推展FinTech政策方针仍然正确可行。2015年7月18日由中国人民银行及相关10个政府机关联名公布《关于促进互联网金融健康发展的指导意见》,作为中国推动FinTech的法律根据。

《关于促进互联网金融健康发展的指导意见》仅就互联网金融阐述制定监管意见,划分各类FinTech业别,由中国人民银行、银监会、证监会、保监会等,依据指导意见制定规则,落实监理。

综合上述,中国推动FinTech政策方针的态度明确,相关规范都以行政命令作为监管法规,为英美日所未见。缺点则是问题出现时,消费者权益保护缺失,如果因此引发金融风险,则后果堪虑。

有鉴于此，2016 年 10 月 13 日，国务院办公厅印发《互联网金融风险专项整治工作实施方案》，责成各监管部门强化监管，使互联网金融回归本业。

Answer

Question 5
日本为何对 FinTech 采取消极支持政策？

Answer

日本《金融财政事情》周刊在 2005 年 2 月首度刊登 FinTech 专辑，而日本当局及金融业者在 2015 年 5 月才开始使用 FinTech 一词。当时，日本当局及金融业者认为，FinTech 业创自美国，快速普及，研发的新金融商品对传统业造成相当程度的冲击。金融风暴以来，政府强化金融监管，银行各业业务营运受到限制，FinTech 业乘势崛起，积极介入汇款、放款甚至投资、保险业务。

然而，美国的情况并不见得一定发生在日本。因为，日本社会惯用现金，ATM 到处都有，而且日本自 1997 年起推动金融大改革，已经开放网络专业银行、证券公司，对传统金融业影响仍然有限，可以印证类似美国大型的 P2P 融资公司 Lending Club 不会出现在日本。当然，将来 FinTech 提供优质服务，获得消费者的支持，还是需要研讨因应的方式。

（一）金融厅

日本金融当局即金融厅，在 2015 年 9 月公布 FinTech 金融行政方针。金融厅对于 FinTech 的因应政策方向，在制定的同时，并就日本 FinTech 与国外环境的差异性加以列示，再据以说明金融厅 FinTech 因应方针。

1. 日本与美国环境的差异

金融厅首先列示 FinTech 在日本与在美国面临环境的差异，包括以下方面。

（1）美国 FinTech 业成功的营运模式，不一定同样适用于日本。以美国为例，美国的英美法系即与日本的大陆法系有别，引进美国 FinTech 业面临最大的问题即为法律障碍。

（2）资本市场成熟度的差异，美国市场包括天使投资人，创投基金活络，投资 FinTech 新创企业亦甚积极。日本则为美国百分之一，FinTech 新创企业创业困难。

（3）美国低收入即信用评分 650 分以下无法在银行开户往来，即 underbanked（未能得到充分金融服务）阶层为数众多。日本银行开户往来，则易如反掌，与银行交易极为便捷。

（4）美国贷款业务并非银行所独占，非银行也可以开业办理贷款业务。而且，贷款市场巨大，FinTech业介入经营空间大。相形之下，日本贷款市场规模不大，而且银行普及，竞争严苛，FinTech业介入空间有限。

（5）美国原来就习惯使用支票、信用卡、转账卡取代现金。FinTech业介入支付业务不过为原来习惯的延伸。日本的生活习惯是现金消费的社会，FinTech支付业的介入，对日本的影响极为有限。

2. 金融厅因应政策方针

日本金融厅基于上述日本FinTech与美国的差异性，制定如下因应方针政策。

（1）金融厅认识到智能型手机以介入支付业务为起点，通过人工智能，应用在授信审查、投资顾问、资产运用等方面，对于传统金融业的中介功能产生"解体"的作用。证券、保险也有相同现象。

（2）面对上述的趋势，欧美的金融业已积极与FinTech业，通过出资、合资、策略联盟方式合作，互惠其利。金融厅认为日本因应，相较欧美落后，日本政府已在2016年5月通过修法，促进银行业与FinTech投资合作，共荣共存。

（3）金融厅将积极推动FinTech业的创新，同时，促进传统金融业的数字化，确保传统金融业的优越性。并通过与国内外业者对话，研究调查国外案例，掌握FinTech的动向。将FinTech的推动，金融业的因应，消费者权益保护的落实，列为金融行政方针。

（二）自民党政务调查会

日本执政党有感于 FinTech 因应的重要性，乃在 2016 年 4 月 19 日公布 FinTech 相关因应政策，内容重点如下。

1. 现状认识

近年来，FinTech 业通过创新研发，已经开始介入金融机构原有的业务。为迎合世界主要国家推展 FinTech 趋势，日本必须掌握现状，推动日本研创全球化 FinTech，并且力争成为世界金融高度化的领先者。

2. 今后展望与应对措施

展望未来，FinTech 必然对传统金融业造成全面性的影响。

为及时应对，日本目前已在金融厅设立 FinTech 室，做为单一洽商及信息交换的窗口。日本央行也设立了 FinTech 中心。

调查会具体的 FinTech 因应对策为：

- 构建完备的 FinTech 生态系统。
- 推动金融机构与 FinTech 业的合作。
- 完善 FinTech 的研发创新环境。

归纳上列所述可知，日本政府仍然认为日本金融业服务，原则上已能应对当前需求。FinTech 则刚起步，推展 FinTech 研创与金融业相辅相成仍为因应政策方针。

Question 6 新加坡政府提出何种积极推动 FinTech 的政策？

Answer

近年来，新加坡为顺应世界 FinTech 潮流，政府乃以确立其境内 IT 创业家的 hub（startup hub）为目标，促进创业的培育架构，因而扩大新加坡高科技企业的投资。

（一）新加坡国立研究基金会的设立

2006 年 1 月新加坡国立研究基金会（NRF, National Research Foundation）设立，为直属总理府旗下机构，以制定国家研究开发的方针为任务。

NRF 亦在国家创新及新事业架构（National Framework for Innovation and Enterprise）下，对新创企业（startup）提供下列辅助计划（Programme）。

1. Technology Incubation Scheme（TIS）

TIS 系由上列基金会与科技 Incubator 共同出资，为新加坡新创企业提供资金。到 2014 年 6 月，已有 14 家新创企业完成转让。

2. Early Stage Venture Fund（ESVF）

ESVF 亦由 NRF 与创投公司合作，为科技新创企业提供资金。ESVF 架构下，通过对创投公司出资，再由创投公司对新创企业进行投资。从 2008 年 7 月开始，已对 5 家创投公司出资 5,000 万新币。2013 年 9 月追加出资 5,000 万新币，2014 年中则新选定 6 家新创企业进行投资。

3. Proof of Concept Grant（POC Grant）

POC Grant，系以支援科技研究人员辅助金为目的，并以符合创新性、技术实现可能性、实用化可能性基准的计划为援助对象。

POC Grant 于提供辅助款给研究人员 1 年内，要求就其创意提出实用化样品。每一计划最多辅助 25 万新币，每年提供两次，到 2015 年 6 月中合计已提供 11 次。

（二）新加坡生产创新局

新加坡生产创新局（SPRING Singapore）为贸易产业部的下属机关，主司国内企业的成长，以及产品服务信赖度的提升。

SPRING 已开始对创业者和新创企业培育和资金等加以支持。

1. 对新创企业的出资

SPRING 通过旗下 SPRING SEEDS Capital，与其他投资人或 Incubator 合作，通过 3 种计划支援新创企业，包括：

（1）Business Angel Scheme（BAS）——BAS 系对资本及营运年数合乎一定条件的企业给予出资的架构。每一企业出资以 200 万新币为限。到 2015 年 3 月止，已有 7 家 Angel 投资人参加此计划。

（2）Sector Specific Accelerator（SSA）——SSA 计划系针对医疗、环保科技发展初期企业出资。每一企业出资以 7,000 万新币为上限，到 2015 年 5 月，已有 4 家被指定为 Accelerator。

（3）SPRING SEEDS——SPRING SEEDS 系指对环保科技尖端生产、工程等含新兴业务企业的出资计划，2015 年 8 月开始选定 Accelerator。

2. 对 Incubator 即投资人的支援

SPRING 对 Incubator Development Programme（IDP）及 Angel 投资人，提供税额扣除（Angel Investor Tax Deduction, AITD）计划。在 IDP 体制下，Incubator 支援新创企业（startup）必要费用由 SPRING 负担 7 成。

3. 对创业者或新创企业提供辅助金

SPRING 另设有 ACE（ACE Startups Grant）及企业科技商业化计划（TECS, Technology Enterprise Commercialisation Scheme）两个制度。

综观上述，就两机关来看，可知新加坡已对新创企业采取各类支持策略。就其架构看来内容相当类似，然而进展程度则不一致。至于确立新创企业的生态系统功能确甚彰显。

Question 7
中国台湾地区对 FinTech 有何因应政策？

Answer

中国台湾地区"金管会"于 2016 年 4 月 7 日公布《金融科技发展策略》，该策略详列自 2014 年推动 FinTech 的因应政策。

（一）扩大在线金融服务

1. 银行业：已开发银行得以在线提供存款、授信、信用卡、财富管理及共同营销等 12 项服务及在线电子银行业务。

2. 证券业：2015 年 6 月放宽证券商必须由往来银行确认身份等环节，开放新客户可采用非当面开户，电子下单的方式。

3. 保险业：在开放网络投保方面，自 2014 年 8 月 26 日开办，迄今已完成 3 阶段开放措施，包括进一步扩大开放网络投保的险种、提高保额额度，以及增加网络保险服务等。

（二）普及移动支付服务

鼓励金融机构推展多元移动支付服务。

（三）开放电子支付机构业务，协助电子商务发展

电子支付机构管理条例已于 2015 年 5 月 3 日施行，扶植电子商务产业发展、支付服务创新，以及协助青年创业与保护消费权益。

（四）推动金融大数据分析应用

"金管会"于 2015 年度共推动 12 项大数据应用案，截至 2015 年底前达成开放 1,032 项以上资料集。

（五）开放金融业转投资金融科技业

已开放金融控股公司、银行、证券期货业及保险业可 100% 转投资，从事与金融机构业务密切相关的金融科技事业。

（六）成立金融科技办公室

"金管会"于 2015 年 9 月成立金融科技办公室，并已召开两次

金融科技咨询委员会会议，启动电子支付倍增计划，并积极推动银行、保险及生物等金融科技应用。《金融科技发展策略》从应用、管理、资源、基础等4个方面分析，列出11项应优先发展或强化项目作为施政重点。

1. 应用面：银行业、证券业、保险业、电子支付、虚实整合金融服务。

2. 管理面：法规调适、风险管理。

3. 资源面：人才培育、创新创业。

4. 基础面：区块链、身份认证。

此外，台湾地区有关主管部门为加速推动金融科技创新、新创企业的投资和金融科技人才的培育，设立了金融科技推动基金，拟募集10亿元基金。还成立金融科技育成中心，协助新创公司募资，提供金融科技交流。另外准许金融机构建置大数据数据库，提供给金融科技新创公司、金融机构运用。由此可看出来，台湾当局推动FinTech因应政策积极态度之一斑。

Chapter **6**
第六章
主要国家和地区银行因应
FinTech 的具体措施

Question 1 主要国家和地区银行为什么要对 FinTech 采取因应措施？

Answer

依据美国 Venture Scanner 公司在 2016 年 5 月底公布的数据，目前全球 FinTech 企业计有 1,379 家，依其营运性质分类如下表。

类型	企业名称
Lending	OnDeck, Lending Club, Prosper
Retail Investments	Kapitall, Wealthfront, Tradier
Equity Financing	CircleUp, Gust
Remittances	Xoom, Azimo, Ayannah
Consumer Banking	Simple, Cardlike, Moven
Financial Research	Coseer
Institutional Investments	Kensho, Addepar, Hedge
Personal Finance	Credit, Karma, Mint
Payments	Stripe, Square, PayPal
Banking Infrastructure	DemystData

欧美国家的 FinTech 业已介入金融，特别是银行主要的存款（储值）、汇款、放款业务，所以以银行业务为主的金融业，必须要采取因应措施，以免遭到淘汰。

2008 年金融风暴以来，FinTech 在美国、欧洲各国、中国快速崛起，对银行业冲击最为剧烈。日本则由于法律国情不同，因应 FinTech 具体措施多有差异。

因此，以下拟就欧美因应 FinTech 的概况加以举例说明，然后，再依因应措施最为具体的英国，以及银行自行因应的美日及中国大陆和中国台湾地区分别说明。

Answer

Question 2 欧美银行因应 FinTech 的做法是什么？

Answer

欧美银行因应 FinTech 的措施如下。

（一）具体措施

依据 Avinash Swamy 分析归纳近年来银行等因应 FinTech 业的相关做法如下图：

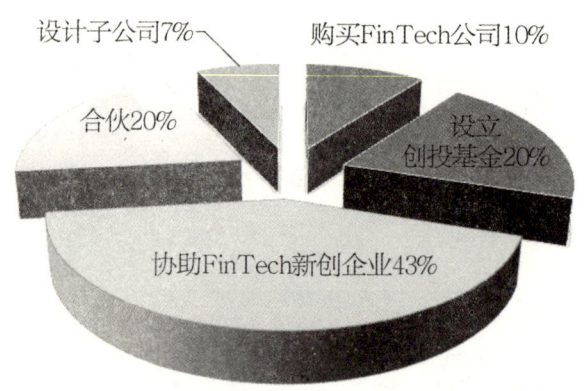

银行等因应 FinTech 的具体措施如下。

1. 采取收购 FinTech（Acquired FinTech companies）方式占 10%，例如，BBVA、Barclays。

2. 设立风险投资基金来投资 FinTech 公司（Set up venture funds to fund FinTech companies）的方式占 20%，例如，HSBC、Santander、Sberbank。

3. 参与新创成立 FinTech 公司（Startup programs to incubate FinTech companies）的方式占 43%，例如，Rabobank、Barclays、Commerzbank。

4. 与 FinTech 公司合伙（Partnering with FinTech companies）的方式占 20%，例如，HSBC、Santander。

5. 自行设立 FinTech 子公司（Launched own FinTech subsidiaries）的方式占 7%，例如，ABN AMRO、AEGON。

（二）从图表可以归纳出重点

1. 大约 60% 的 FinTech 公司是和银行以上述的方式合作，Fintech 公司直接提供这些银行技术方案，而 40% 的 FinTech 公司直接提供平台给零售企业和小型企业市场所需的金融服务。

2. FinTech 公司与银行采取合作方式的比率，欧洲占 80%、北美洲只占 20%，而亚太地区的银行则采取比较保守的策略，并和少数具有领先创新计划的传统 FinTech 公司合作。一般来讲，上述的银行都是资本雄厚的国际大型银行集团。

3. 同时，必须指出，银行也越来越多通过其他渠道与FinTech进行合作，例如以行业协会及机构参与的方式合作。

Question 3
美国银行因应 FinTech 的具体措施有何不同？

Answer

美国金融业向来重视创新，以往积极推动 IT 设备的维护式创新（sustaining innovation），并强化创业投资及并购。网络时代以来，美国金融业即率先成立基金及企业创业投资（CVC, Corporate Venture Capital），用以投资 FinTech 新创企业。

同时，为培育 FinTech 新创企业，美国大型银行也设立促成计划（accelerator），金融创新筹划中心（incubation center），定期举办发布会，以便发现有潜力的 FinTech 及 IT 企业。金融业若能与 FinTech 合资、投资、合伙、策略联盟，则双方可互惠其利，金融机构也可以因此 FinTech 化，提升服务质量。

（一）JP Morgan Chase

摩根银行（JP Morgan Chase）CEO 戴蒙于 2015 年 4 月在通知股东的信函中指出"Silicon Valley is coming"。戴蒙的意思是指：美国硅谷 FinTech 新创企业（startup），已经开始对传统金融机构造成威胁。

戴蒙面对这个事实，为了及早因应，采取的策略是，一面对抗一面合作。例如，设置 FinTech 基金及创投，以便从事并购 FinTech 新创企业。同时，作为促成计划及创新筹划中心，协助并招徕新创企业。以便在支付、融资方面强化竞争力。

（二）花旗集团与美国商业银行

花旗集团、美国商业银行的 FinTech 因应对策，基本上与摩根银行相似，兹不赘述。不过花旗集团目前在集团成立区块链子公司，积极自行研发区块链技术，希望能够运用在汇款与支付业务方面，以大幅降低营运成本，提升收益，并提升竞争力。

此外，花旗与美国商业银行于 2015 年参加由 IBM 为主，所推动的区块链在金融机构契约或交易记录等有关使用区块链应用的实验计划。目前，尚有摩根、富国、日本 3 大银行以及富士通等参加，积极研发，进行实用化的实验。

(三)富国银行

富国银行(Wells Fargo)为美国银行中最先设立网络银行及移动银行的具有创新基因的银行。

2014年富国银行成立创新子公司,由其研发部门决定FinTech新创企业基金的投资(平均50万美元)。迄今已投资9家FinTech新创企业,还将各国新创企业的研创技术在银行内进行实际应用,印证其成效,并将新创企业介绍给往来企业,以深化往来企业忠诚度。

富国银行对新创企业出资的目的,是希望新创企业外部的创新能够在银行内运用,更重要的是新创企业的技术能够为银行内部融合。最后,使得传统银行得以改变体质,也就是充分FinTech化,因应FinTech的剧烈竞争。

富国银行因应FinTech的重点是:银行在面对移动应用盛行的时代,必须充分汲取FinTech新创企业的智慧!

Question 4
英国银行因应 FinTech 的做法是什么？

Answer

英国的银行业以四大银行为主，包括中型银行，面对金融科技业的介入，基于竞争与合作关系的认知，在采取 IT 化提升竞争力的同时，亦积极参与金融科技创新企业的培育与合作。

（一）积极推动银行数字化

各银行首先就其零售银行为主推动数字化，拓展其在线银行、移动银行机能。裁撤分行与职员以降低成本，积极因应年轻顾客群的需求。

(二)培育并善用 FinTech

英国银行长久以来,有关 IT 的开发均采用内部成长(in house)方式为主。

面对 FinTech 业者的快速崛起,银行业为了因应,除前述,通过 IT 投资以及数字化,强化竞争力之外,还积极培育及善用金融科技业,借由外部成长,善用金融科技破坏式创新(disruptive innovation)引进银行崭新商品与服务,全面提升竞争力,从而与金融科技业共荣共存。

1. Santander UK 的金融科技基金

Santander UK 银行于 2014 年 7 月设立 1 亿美元的 Santander Fintech Fund,用以投资世界各国金融科技新创企业。

2. 巴克莱银行培育推动金融科技计划

巴克莱银行亦有提供创新(venture)企业支援计划与创新投资的推动者(accelarator)Techstars 公司,有推动金融科技相关设施。

3. Accenture 金融科技创新实验室

Accenture 1989 年设立,在爱尔兰注册,属顾问公司。Acceture 设有金融科技创新实验室,英国大型金融机构亦协助提供金融科技经验者，加速推动金融科技及研究。

Accenture实验室设于伦敦东北方大楼39层内（Level 39），汇丰、RBS、巴克莱、莱斯等大型银行通过实验室的参与得以寻找金融科技的投资与合作机会，提升本行顾客服务质量。

4. 金融科技相关投资案例

汇丰银行成立2亿美元（约1.34亿英镑）基金，与国内及国外零售业务及资本市场有关，投资于金融科技新创企业。

综上所列可知，近年来，银行多已改变纯粹内部创新（in house innovation），而积极设立基金投资金融科技新创企业，并与其他创新企业、投资人合作，借由外部创新（out house innovation）的引进，彻底改善营运体质，提供创新商品服务，强化国内外同业以及与金融科技业的竞争力，具有很深的意义。

银行业者除积极推行数字化外，仍全力并购投资金融新创业者，或进行策略联盟，以便引进金融科技know-how，提升竞争力，因应消费者多样化需求。英国的成功经验，值得借鉴。

Question 5 新加坡银行因应 FinTech 的具体措施有哪些？

Answer

新加坡民营金融机构配合政府推动创新企业概况如下。

（一）提供 Venture Debt 辅助创投的不足

新加坡政府为培育创新企业亦鼓励民间金融机构，强化对创新企业的投资。2015 年 2 月新加坡星展银行（DBS 银行）开始对科技新创企业提供 Venture Debt。所谓 Venture Debt 系指对现金流量欠佳，或无资产可供担保，创业初期的企业融资形态。

通常无论首次接受创投（series A）或第二次接受创投（series B），DBS 银行提供 Venture Debt 融资额多在创投公司投资额的 1—3 成左右，Venture Debt 实际上的定位为辅助资金筹措手段，应对如创投出资不足的情况。

新加坡三大银行之一的华侨银行（OCBC，Oversea-Chinese Banking Corporation）亦参酌 DBS 银行，于 2015 年内始提供 Venture Debt。2014 年 4 月起推出 Business First Loan，对创业 3 年内企业提供无担保融资。

（二）创投支持以提升金融创新科技水平

民间金融机构不仅致力于创新资金的供给，对于金融高科技水平提升，相关创新的支援亦强力支持。例如，DBS 银行（香港）于 2015 年 4 月与香港据点的 FinTech Incubator Nest 合作，DBS 以 Accelator 开始对新创企业公布支援计划。

DBS 银行与 Nest 于 2015 年 7 月已选定 8 家，自 8 月至 11 月的 3 个月间实施该计划，并依据计划实施状况，研讨对合乎预期的新创企业提供资金。

新加坡政府在推动智慧国家（Smart Nation）的策略下，通过监理局（Monetary Authority of Singapore, MAS）明示将以推动新加坡成为智慧金融中心为目标。2015 年 6 月则公布金融部门科技与创新（Financial Sector Technology & Innovation, FSTI）计划。该计划拟由金融机构支援金融科技的开发与引进，MAS 今后 5 年内将提供 2.25 亿新币。金融机构拟借由本计划，得以支援创新而预期取得高科技应用于金融业务营运中。

Question 6
日本银行因应 FinTech 有哪些不同做法？

Answer

日本于 1997 年进行金融大改革，2003 年完成，期间已开放网络银行、在线证券、保险公司的设立。2010 年以来，则已开放电子支付业、个人资产管理（PFM）、群众募资、P2P 融资、比特币交易所等 FinTech 业设立。

日本 FinTech 业的开放设立，目前并未对日本传统银行各业造成影响，主要原因如前所述。然而，将来面对国内外 FinTech 的竞争，以及网络新生代年轻人的新需求，银行业的数字化、金融商品服务的革命性创新、金融科技新创企业创新技术的采用、或进行策略联盟甚至并购，已是不可忽视的趋势。

（一）日本三大金控集团采取的措施

1. 三井住友金融集团

·2015年10月成立IT创新推广部，分为两个小组：其一，调查全球FinTech技术动向，新业务与客户需求，借以研创新观念（idea）；其二，将新观念转化为商品服务推广。

·推广部召集各类人才，两个小组合计70人。成员包括向银行内部、日本综合研究所、同业、大型电子商务及咨询公司等征选。

·推广部选拔2人，分别派驻华尔街、硅谷。配合三井住友信用卡子公司，派驻纽约3人。全力搜集FinTech业及银行因应FinTech措施相关信息。

·FinTech弥补银行传统服务与新兴需求之缺口，三井住友特别重视客户体验（UX）、企金solution、金融API、机器人理财顾问、区块链等FinTech范畴。借由其合作，弥补银行服务缺口。

2. 三菱UFJ金融控股集团

·2015年7月成立数字创新推广部，推动银行企业文化全盘变更。

·推广部成员40人，1/3为分行涉外人员，1/3为行内从事IT研发人员，1/3则聘用IT制造销售（vendor）人员。

· 2015年底，以银行API为题，定期举办一系列（FinTech Challenge 2016 HackMarathon）研讨会，通过研发，借由Open Innovation，全面创新金融服务。

· 4人派驻硅谷，将当地取得的FinTech信息回报行内。

· 银行业的信用、安全难以完全取代。然而，FinTech业创新技术与理念（idea）则不可忽视。然而，银行与FinTech业应非互抢市场，而是二者共荣共存，市场大饼因而扩大，互惠其利。

3. 瑞穗金融集团

· 2015年7月成立金融创新培育计划部（Incubation Project Team），职司瑞穗集团银行、证券、信托子公司，相关金融商品服务的全盘创新。

· 编制为15人，阶段性增加人员。

· 彻底改变员工的思维（mind），切实提升企业文化。

· 确立金融API，使诸多外部FinTech业者得以利用，互惠其利。

· FinTech业者对于银行业固然有所冲击，然而，日本金融服务有其独特性，全面取代仍不容易。惟有日本的FinTech新创企业（startup），拥有高科技，本行则有2,400万客户，通过创投合作，互惠其利。

（二）地方银行 FinTech 因应措施

- 静冈银行与日立制作所共同开发账务系统。

- 横滨、京都等 9 家地方银行，共同加入 NTT MCIF 中心信息系统。

- 常阳银行投资建构 JAST，融资支援系统。

- 福冈银行举办 X-Tech Innovation 2015 研讨会。

- 东邦银行与东芝共同开发全年无休云端咨询系统。

- 名古屋银行更新个人网络银行。

- 北洋银行建置 CRM（客户关系管理），DWH（Data Warehouse）新系统。

地方银行于 2010 年后由原来推动系统共通化，转变为各行个别系统之投资，以利零售及企金业务之推广。为整合各地方银行系统，发挥经营绩效，山口银行金融集团（YMFG）开始推展新世代系统共同化，鼓励各行参与，因应未来 FinTech 冲击。

日本以银行为主的金融业，对于 FinTech 业的体认以及因应消极，归纳缘由乃系日本与美国金融环境、网络用户普及、民情有别所致。

美国国民习惯使用网络与金融各业进行交易，日本则为习惯使用现金的社会，ATM 普及而且便利商店遍布，使用网络往来必要性大为不同。同时，美国银行业以放款为主业，金融风暴后投资业务受限，为增加收益，大型银行乃依靠其垄断市场优势，提高放款利率，加收手续费增加收入，因而引起消费者不满。FinTech 业如 P2P 融资，权益型群众募资业崛起，招徕消费者，冲击银行。而大陆法系下的日本，FinTech 介入不易，加以银行竞争激烈，利率偏低，且有政策银行辅助，美国的现象并未在日本出现。

现阶段日本银行仍未受到 FinTech 业冲击，然而面对全球 FinTech 风潮，银行业仍有必要早日因应，提升竞争力，免遭淘汰。因此，日本政府乃于 2016 年 5 月修订银行法等金融法律，准许银行业等投资并购 FinTech 业，或进行策略联盟。

Question 7
中国银行因应 FinTech 有哪些不同做法？

Answer

中国的金融业以银行业为主，并由 5 大国营银行为主，垄断市场。同时，银行往来以国有企业为主，一般中小型企业及个人，获得银行服务极为困难。而且由于中国国有银行为公营性质，营运效率，服务提供，亟待改善。加以金融监理不健全，消费者缺乏保障。

然而，1999 年招商银行率先推动数字化，提供自助银行、电话银行、移动银行服务。2012 年中国建设银行、交通银行，2013 年民生银行、中国工商银行等积极开展数字化业务，以便提升服务质量，与金融科技业者支付宝等竞争。

2013 年德邦证券公司数字化，国泰君安证券跟进。而中国平安保险则早于 2000 年已网络化，2013 年新华保险跟进。迄今中国金融业数字化进程,实与政府全力支持金融科技创新,以刺激传统金融业自力更生政策有关。当然,这与中国传统金融业营业覆盖率不足,以及国民持有智能型手机,跳跃式接受服务有关。

Question 8 中国台湾地区银行因应 FinTech 有哪些不同做法？

Answer

首先就银行因应 FinTech 具体措施来讲，中国台湾地区有关主管部门在推动 FinTech 业，鼓励创新的同时，却又积极保护银行，敦促银行数字化，开放银行办理网购支付业务（全球所未见）。相关部门因应 FinTech 政策中所列，大部分都在说明推动银行金融科技化。

同时，台湾地区有关主管部门也已核准银行各业及金控公司，可以 100% 投资持有 FinTech 业，政策相对宽松。目前，银行多已全力进行数字化，并且设立金融科技部门，雇用 IT 科技毕业生，以便协助银行推动金融科技化。目前，银行或金控公司因应 FinTech 具体措施大抵相近，兹不赘述。

第六章　　149
主要国家和地区银行因应 FinTech 的具体措施

Question 9
面对 FinTech 业介入金融市场可以总结出什么趋势？

Answer

　　面对 FinTech 业介入金融市场，一般来说，大陆法系的国家，像日本，其实 FinTech 业者还没有真正成形。加上日本的金融机构极为普及，服务也很周到，欧美金融机构面临 FinTech 冲击的现象，目前在日本还没有明显出现。但是，随着金融法律的松绑，网络新生代年轻人的崛起，未来金融机构既有的业务可能逐渐被 FinTech 业蚕食。摩根大通 CEO 戴蒙说的"硅谷来了"逐渐浮现。

　　2016 年麦肯锡报告指出，到 2025 年，FinTech 业将抢走银行 40% 的消费性贷款，以及 30% 的汇款业务收益。重点是，FinTech 不但抢走而且取代银行的功能，更重要的是，银行的利差及手续费费率，将因 FinTech 业的介入而大幅降低，银行营运大受影响。

Accenture顾问公司指出,数字化的FinTech业冲击金融业(digitally disruptive),也就是说FinTech业分解(unbundling)了传统的金融业,而传统的金融业却束手无策。欧美大型银行等金融机构开始采取因应对策。以摩根银行为例,2015年12月与美国P2P融资公司OnDeck进行策略联盟,由OnDeck提供实时中小企业融资信评类型。如此一来,大型银行的原有集客能力与巨大资本,与FinTech新创企业的先进技术结合,建构出崭新的平台,使得遭到FinTech分解的传统金融业得以借由数字化再建构(digitally reimagined),而与FinTech业功能再建构(rebundling),竞争能力剧增,营运模式焕然一新。

参酌欧美亚各国金融业界因应经验,传统金融业因应方向分别为二。

其一,积极强化对FinTech业的投资及策略联盟。金融机构数字化固然可以提升服务的质量与绩效,但是,通过投资并购或与FinTech业进行策略联盟,始能够彻底改变旧思维,借由新创企业新观念和新技术,以新营运模式提供符合新时代客户需求的新商品服务。摩根与OnDeck的成功案例,可以见证。

其二,政府部门如何建构以FinTech为主轴新金融的生态系统(ecosystem),同时明确列示出将来金融业的方向,绝对有其必要性。敦促金融业提升其汇款、支付、融资金融服务质量,进行数字化,充其量只是技术面的改善。政府仍宜参酌欧美，协助并敦促金融业，基于因应消费者需求的考量下，融合新技术，确立新金融生态系统，鼓励创新。并借由金融法律的松绑，使得金融业与FinTech业密切融合，彻底推动金融体系变革，因应世界潮流。

总而言之，FinTech业者的崛起与普及，蚕食传统金融业务，对于金融业固然造成巨大的冲击。然而，传统金融业积极进行数字化，改善营运体制，并与FinTech业进行并购或策略联盟，相辅相成，彻底改变营运体制及营运模式，对于传统金融业来说，也是一个浴火凤凰重生的机会。当然，政府部门政策支持，松绑法律，也不可或缺。

Chapter 7
第七章
FinTech 与各国的
法律关系

Question 1
FinTech 与涉及的法系有什么关系？

Answer

金融各业几乎均为英美首先创设，欧洲部分国家和日本都是在事后跟进。近年来 FinTech 的诞生，也是从美国开始英国跟进，然后，欧洲部分国家和日本全盘引进，却要排除层层障碍。中国 FinTech 推动速度超英赶美，独具特色。

FinTech 的创设和研发，和英美法系、大陆法系的法律规范有着密切的关联性。

英美法系或海洋法系（Common Law，Common 中文翻译为"普通"，是取其"普遍通行"之意），该法系与欧陆法系（又称"大陆法"）

并称为当今世界最主要的两大法系。

　　由于法系的不同，法律的规范也不同，FinTech 的创设和研发的许可的方式也不同。以下将针对银行方面法系的不同来说明。

Question 2
英美法系与大陆法系有哪些不同之处？

Answer

英美各国采用的"英美法系"（海洋法系）和欧洲部分国家和日本采用的"大陆法系"，最大的差别，在以下方面。

（一）英美没有专门的银行法

美国没有一部专门的银行法，也没有相关规定银行办理的业务项目，而美国最高法院判例，只有银行才可以收受存款。不收受存款的非银行（nonbank）可以办理放款、汇兑等业务。

英美法系的国家采用负面表列方式，不是银行不能收受存款，但可以办理放款、汇兑等业务。也就是说，法律（含判例）没说不可以做的业务都可以办理。

（二）欧洲部分国家和日本有专门的银行法

欧洲部分国家和日本有专门的银行法，而且采用正面表列规定，只有银行才可以办理存款、放款和汇兑业务。也就是说，不是银行不能办理存款、放款和汇兑业务，除非立法或修法排除。

所以 FinTech 业在英美诞生，进行营运时，只是不能收受存款，汇款和放款业务，原则上都可以办理。也就容易引发 FinTech 创业风潮，成立 FinTech 公司也很容易。

相形之下，大陆法系的各国，由于有专门的银行法、证券法、保险法，而且正面表列业务项目，FinTech 业介入营运除非单独立法排除原有法律或修法，否则即是违法，FinTech 新创企业的动机相对受限。

（三）中国大陆法系的独特之处

前面已就英美法系和大陆法系加以说明。此外，目前中国所实行的法制，原则上仍属于大陆法系。就金融相关法令的位阶来说，中国大陆的法制如下。

1. 指导意见

中国为鼓励金融创新，促进互联网金融健全发展，明确监理责任，规范市场秩序，经国务院同意，中国人民银行、工业和信息化部、公安部、财政部、国家工商总局、国务院法制办、银监会、证监会、保监会、国家互联网信息办公室，乃公布一连串网络金融指导意见（例如《关于促进互联网金融健康发展的指导意见》）。

2. 法律

国务院提案，经过全国人民代表大会通过者，例如《中华人民共和国商业银行法》《中华人民共和国中国人民银行法》《中华人民共和国证券法》《中华人民共和国保险法》等。

3. 行政法规

国务院依据宪法与法律，所公布的行政法规，包括《中华人民共和国外资银行管理条例》《证券交易所管理办法》《非金融机构支付服务管理办法》等。

4. 规则

各监管机关（如银监会、证监会、保监会）依据法律与国务院的行政法规、决定、命令在其权限范围内所制定的法规。

中国互联网金融（即欧美日所称之 FinTech）业得以迅速成长，居世界之首，政府的鼓励推动是为主因之一。

Question 3
各国 FinTech 的发展为何深受法律影响？

Answer

FinTech 创设与法系有密切的关联，就是因为英美法系采用负面表列，又没有专门银行法规范，所以 FinTech 业的设立，介入银行业务（只要不收受存款）相当容易。大陆法系的国家有单一银行法，明确规定 FinTech 业不可以办理收受存款、放款、汇兑业务。但是，中国大陆法系体制下的 FinTech，却利用位阶高于法律的指导意见推动，介入银行等金融业务更为容易。

自从 2008 年金融风暴以后，美国 FinTech 崛起，英国跟进，其他大陆法系国家也引进。以电子支付业、移动支付业、P2P 融资业、群众募资及数字货币业为例，英美德日中，法令规范的概况以下将一一说明。

Question 4 各国电子支付业所受的法律影响是什么？

Answer

关于电子支付业（即第三方支付业）的支付业务，是在20世纪90年代网购普及以后，才出现的。当初网购后，利用信用卡支付也可以完成债权债务的清算。但是，如果网购后，有电子支付业作为中介，特别是像美国eBay网购后，有PayPal（电子支付业）对货物质量把关，进行第三方托管支付（escrow payment），那么就可以大幅降低买卖纷争，而PayPal逐渐独占第三方支付市场。当然，相关法律的规范更为重要，既可以管理业者，又可以保护消费者。主要国家法律规范如下。

（一）英国

英国为欧盟的会员国（2017年以前），有关第三方支付的法令，须依照欧盟 2007 年 11 月制定的支付服务指令（Payment Services Directive），于 2009 年 11 月前在欧盟所有成员国完成立法修法，确立了支付服务相关法制。

英国因此于 2009 年 2 月公布第三方支付规则（The Payment Services Regulation），而此一规则的法源则为 2000 年的金融服务市场法（Financial Services and Markets Act 2000）。嗣以金融风暴冲击，为期因应，英国乃进行大改革。金融监理体制亦为改革重点，随着金融监理体制的改变，第三方支付业者的监理亦随之变革。

有鉴于此，为期配合，英国政府乃于 2012 年修订公布 The FCA's role under the Payment Services Regulations 2009。修订规则的目的，旨在协助第三方支付业者营运，而政府则以妥适的规则方法配合，令业者了解政府政策方针。同时，责成业者，充分了解政府相关规范，积极配合。修订规则，亦基于配合业者营运需求，营运面临问题，共同合作解决。

新修订规则，重点如下：

1. 支付业者的监理机关，由原来英国金融服务管理局（FSA,Financial Service Authority）变更为英国金融市场行为监管局（FCA,Financial Conduct Authority）。

2. 大型及小型第三方支付业者，资本需求规范，原则更加细致化。

3. 安全、报告、监理的强化。

4. 消费者保护强化的同时，亦促使业者得以弹性营运，发挥功能。

5. 清算支付系统使用的严谨化。

新修订规则与原规则并无重大差别，而是在原规则规范下，进行更为细致、明确规范而已，兹不赘述。

（二）美国

美国第三方支付平台在监督管理上又区分为联邦和州，联邦部分由联邦存款保险公司（Federal Deposit Insurance Corporation，简称FDIC）为主要的监管部门，各州则根据各州的法律而制定不同的监管策略。

美国联邦对第三方支付的监管是放置在"货币服务业务"层面，因为第三方支付特色即是资金会短暂停滞在第三方支付业者，而该金额的使用或利息应该受到管制，否则第三方支付业等同于银行。因此，FDIC于2002年将滞留于第三方支付业的资金定义为"负债"，而非联邦银行法所定义的"存款"。所以第三方支付业是不能被归类为银行或其他金融的存款机构，在不需要获得银行业务许可执照之下，还是可以依各州政府所依据的法律来取得"资金移转执照"（Money Transmitter License），而各州所依据的法规不同，有些以各州的《资金移转法》（Money Transmitter Act）为根据，有些则以一般金融法规如《统一资金服务法》（Uniform Money Service Act）为规范标准。其实第三方支付业在美国是被视为货币转账或服务的公司而非金融机构，而第三方支付产业的许可机制、资金安全监管、报告与保存义务、消费者保护，美国政府对于银行及非银行有所规范外，有关金融消费者保护均适用下列法律。

1. 《电子资金移转法》（Electronic Fund Transfer Act）、E 条例

1978 年订立的《电子资金移转法》，立法目的是针对电子资金移转的交易模式，若单单以消费者保护法规来规范是不够的，因此调整整体网络的支付系统及提供电子资金移转中，各当事人的权利义务来订立本法。E 规则是电子资金移转法所授权于联邦准备理事会所制定的细则，法令的内容针对支付过程中当事人的权利义务及风险责任，像支付指令出现错误或发生未经授权而支付的状况时，需视该错误或问题的责任归属，而决定哪一方须承担损失的风险。

2.《诚实贷款法》（Truth In Lending Act）

美国国会于 1968 年制定《诚实贷款法》（Truth In Lending Act），将从事消费性贷款之金融业及非银行，于进行贷款时，依美联储（FRB）Z 条例（Regulation Z）所订标准格式，适当披露贷款相关信息，以保障消费者。消费性贷款业者若有披露不实信息、融资不公正等行为时，美国联邦交易委员会（FTC）通过行政救济措施加以救济，或由当事人提起诉讼（private right of action），可要求民事赔偿。若业者故意违反规定，则以刑事处罚。美国《诚实贷款法》以规范高利贷业者、金融公司为主，并以落实消费者保护为立法重点。其他诸如银行、信合社、消费金融公司第三方支付业等，一并纳入管制。

3. D 条例

D 条例是美国联邦储备委员会针对存款的金融机构，依据《联邦储备法》第 19 条及其他条款，以及《1987 年国际银行法》第 7 条授权制定公布。法规目的是存款机构需保持一定的准备金，保障存款机构有充足的流动资金，保障使用者可以随时提款的需求，这个规则也适用于第三方支付业。此外该条例还规定使用电子资金移转超过一定的次数或数额就会受到限制，以防止使用者不理性付款。

4. 《统一商法典》（*Uniform Commercial Code*）

1989 年，美国统一州法委员会针对电子商业移转交易制定了《统一商法典》第 4A 条（Uniform Commercial Code Article 4A, UCC 4A），监管巨额商业性电子交易汇款，明确规范当事人权利义务关系，建立起安全迅速的支付工具。其规定包括：付款指示、授权程序、错误的付款指令的处理、付款指令的撤销与变更、针对未授权的交易当事人等所可以采取的救济方式。

美国第三方支付业系由各州立法监理。基于美国第三方支付业者 PayPal 系在纽约州注册，而且 PayPal 以从事网购支付为主业，兼营汇款业务，有鉴于此，以下拟就美国纽约州第三方支付相关法律举例列示。

5. 第三方支付法律

美国第三方支付业均由各州政府部门依资金转移法发放许可执照（license）进行营运。而各州第三方支付法许可项目多有差异。就《纽约州资金转移法》（*Money Transmitter Act*）而言，第三方支付业依法向纽约州金融服务局，申请许可执照后，即可办理下列业务。

（1）票据（支票、汇票、旅行支票、支付命令）及其他支付工具的发行与销售。

（2）汇款。

（3）网购（电子商务交易）支付。

6. 资金转移法规范重点

《纽约州资金转移法》对于第三方支付业者加以规范，重点如下。

（1）许可审查时，应就申请人的财务状况、信用度、营运经验、人格的妥适性进行考量（第642条）。

（2）第三方支付业于许可及营业时，为保护消费者，业者应交付纽约州经认可的担保公司或担保公司的担保证书。担保金额最低为50万美元，如经营旅行支票的销售业务，则须另行增提75万美元，合计担保金额125万美元（第643条）。

（3）第三方支付业者平时须经许可而投资（permissible investment，包括现金、票据、支息债权、其他经政府部门认可的投资或资产），即投资额的市价评估额，应高于支付工具余额及旅行支票余额的合计额（第651条）。

（4）未有禁止兼营他业的规定（第646条）。

（5）汇款及网购支付金额，无上限的规定（第647条）。

（6）有监督代理行的义务（第648条）。

（7）第三方支付业者，适用反洗钱相关规范。纽约州的相关条例为，*New York Codes, Rules and Regulations*（NYCRR）第3条第3款（Superintendent's Regulations）。

（8）业者兼营货币服务业务如：兑换、支票兑现、旅行支票及预付卡的发行销售变现、汇款等的任一项业务时，尚须依银行保密法（Bank Secrecy Act）及美国爱国法（USA Patriot law），向美国财政部的金融犯罪执法网（FinCEN, Financial Crime Enforcement Network）办理登记。

（9）具体而言，有关账户开设、收付及兑换金额在1万美元以上、银行支票及旅行支票销售额在3,000美元以上、未开设账户者电汇额在3,000美元以上、经确认本人资料的顾客认为有疑虑时，必须确认其身份。

（三）德国

欧盟以德国为主的27个会员国，有关第三方支付相关法制，系由欧盟以公布指令，会员国一体遵循，修订国内相关法律,务求一致化,为其特色。因此，有关德国、法国第三方支付相关法律，拟以欧盟规范法制列述。

1. 欧盟第三方支付指令特色

欧盟于 2007 年 11 月公布第三方支付指令（Payment Services Directive, PSD），要求各会员国于 2009 年 11 月前，依据指令完备各会员国相关法制。以德法为主的各会员国均已依指令完备其法制。

依指令第 4.4 条，对于第三方支付服务提供者（Payment Service Provider），予以定义为第三方支付业者（Payment Institution）。指令第 10 条则规定第三方支付业者，进行第三方支付服务时，须取得政府部门的许可，始得进行营运。唯有各会员国如研判该业者进行小额支付时，则可采用登记制。同时，业者如于某一会员国取得许可执照，则可在其他所有会员国内进行营运，提供支付服务，即所谓单一执照制度（single passport system）。

2. 规范重点

第三方支付指令规范重点，可依业者规范、消费者保护、反洗钱分述。

（1）第三方支付业者规范

（a）第6条规定，第三方支付业者期初资本依其提供服务类型，设定为2万~12.5万欧元以上。

（b）第7条规定，除上述期初资本以外，尚须依前年度固定费用及处理交易额乘上一定权数，作为追加资本。

（c）第8条规定，第三方支付业者可兼营他业。

（d）第9条规定，第三方支付业者兼营他业时，平常其未支付金额必须采取下列措施：

其一，支付资金应与其他资金分离，分别在银行不同账户管理。

其二，如有资金运用事情，则应依当局规定为高流动性低风险的运用。

（2）消费者保护

第三方支付业者如遇营运危机，应采用优先对消费者偿还方式，或由其他保险公司或银行还款。此外，尚有其他规定：

（a）第17条规定，第三方支付业者的受托者有善尽管理之责。

（b）第19条规定，第三方支付业者有保存其账簿之责。

（c）第21条规定，政府部门应就征提报告、现场检查、停止或撤销许可等纳入监理重点。

（d）第3条规定，政府部门应依每次提供支付或持续提供支付，就其信息提供的内容、方法加以规范。

（e）第三方支付业者提供支付服务时，应无金额上限，以利营运。

（3）反洗钱

欧盟反洗钱法制法令包括：EU Directive 2005/60/EC on the prevention of the use of the financial system for the purpose of money laundering and terrorist financing，EU Regulation No.1781/2006 on information on the payer accompanying transfers of funds，EU Directive 2007/64/EC on the payment services in internal market 等洗钱防范指令的规范。其重点可整理如下。

对于下列情况的交易，诸如：

（a）制定持续性契约；

（b）1次交易金额限定在1万5千欧元者；

（c）超过1,000欧元的支付交易；

（d）有贷款及提供恐怖活动资金的嫌疑者。

（e）过去取得顾客本人确认资料，对真实性或妥适性有疑虑时。业者须迅速进行确认，必要时进行据报。

（4）业务规范

PSD 指令对于第三方支付业务的项目，有明确的规定，包括：

（a）清算账户款项汇入服务；

（b）自清算账户中提出现金服务；

（c）以清算账户进行清算交易；

（d）设定有授信额度的清算交易的执行；

（e）清算工具之发行；

（f）汇款；

（g）网购等电子商务交易的支付的执行。

同时，指令第 3 条规定，对于与支付服务类似，诸如：直接以现金支付进行清算交易，基于买卖交易而通过商业代理人进行支付的清算交易、纸币或硬通货的运送者、兑换交易、网购商品及服务时点数的发行等，则不适用指令，而为除外之规定。

德法等 27 个会员国，均修订信用机构法，将第三方支付业者纳入信用机构法中，视为信用机构，如与信用机构的银行不同者不得吸收存款。

（四）日本

日本金融厅亦于 2007 年组成支付研究会进行研究，2008 年 5 月金融审议会正式组成清算工作小组进行研讨。2009 年 3 月金融厅提出资金清算法（原英译 Act of Settlement of Funds，现译名为 Payment Services Act）草案，2009 年 6 月国会通过，2010 年 4 月正式实施。

日本制定资金清算法主要目的有三，其一为将修订后的电子票证（即预付卡法）纳入新法；其二则为排除银行法限制，准许非银行办理资金支付业务（汇款）；其三为银行间资金清算主体的业者，改采用许可制。

归纳日本资金清算法内涵，可得相关特色如下。

1. 预付卡规范的完备

日本资金清算法将修订后的预付票证法予以纳入，除原列的纸型、磁卡型、IC 卡型外，还将服务器型一并纳入为规范对象，使相关规范更为完备。

2. 消费者权益保障机制

日本资金清算法增列预付卡发行者，应将其所收受预付卡余额 50%，提存于信托银行，以保障消费者应有之权益。

3. 准许资金移转业的新设

日本有关资金移转业务原仅限银行经营，资金清算法则排除银行法规定，准许"资金移转业"的新设，办理支付（汇款、清算）业务，以配合国际潮流。

4. 全额提存与小额支付规范

日本资金清算法准许电子支付业新设，办理资金支付业务。为避免支付业者倒闭，导致汇款人权利受损，乃规定支付业者收受汇款人的款项必须全额提存信托银行，以保护汇款人的权益。

此外，新法准许支付业设立，办理银行专属业务。考虑到此一开放，经营不易的银行会遭到冲击，因此，首先准许新设立的支付业者，办理小额汇款，金额限在100万日元以下。

5. 制定电子记录债权法以利新法实施

日本于制定资金清算法前，即已意识到金融业务电子化的全球趋势。特别是电子化以后的债权与以往票据债权等迥异。而且电子化债权取代传统票据债权亦难遏止。

有鉴于此，日本乃先行制定电子记录债权法，以利电子化时债权得以顺利移转、分割。因此，日本政府认为，电子记录债权法与资金清算法为兄弟法，关系密切。

（五）中国

中国的第三方支付起源很早，例如2004年就成立了支付宝，但直到2010年政府才立法规范。因为中国习惯先让业者去做一段时间，确认该产业有没有发展的可能性，如果不可能发展，自然不用浪费时间立法监管；但若有发展的可能性，政府就会开始考虑消费者保护、金融危机、市场风险等等的监管。像近年来流行的P2P和股权众筹，政府也是一样的做法。

中国因支付产业快速成长，人民银行乃在2010年制定《非金融机构支付服务管理办法》，同年6月21日和12月初，《非金融机构支付服务管理办法》和《非金融机构支付服务管理办法实施细则》陆续公布，明确规定对合格的第三方支付业者核发"支付业务许可证"的市场准入条例，并限定对申请许可证的业者的资格，以作为第三方支付业务的标准根据。至2015年12月为止，共计发放270张支付业务牌照，并落实政府对相关业者的管制。《非金融机构支付服务管理办法》中，涵盖的业务范围有网络支付、预付卡的发行与受理、银行卡收单，而网络支付又可涵盖货币汇兑、互联网支付、移动电话支付、固定电话支付等。移动支付还做货币汇兑，提供业者国际化的空间。

由上述所知，中国是第三方支付业务目前发展最好的国家，其原因是政府愿意给予业者发挥的空间及政策上适时修正的结果。

最近为规范非银行支付机构网络支付业务，中国人民银行于2015年7月发表《关于促进互联网金融健康发展的指导意见》，同年7月31日发布了《非银行支付机构网络支付业务管理办法（征求意见稿）》，并向社会公开征求意见。《非银行支付机构网络支付业务管理办法（征求意见稿）》的主要内容简述如下。

（1）要求金融机构或开展金融业务的其他机构不得开立支付账户。

（2）每人所有支付账户单日累计金额不能超过5,000元人民币，每年累计不超过20万元人民币。

（3）支付账户分为综合账户、消费账户两种。

（4）消费账户则至少通过3种方式进行交叉验证，且只能用于消费、转账至同名银行账户。

（5）综合账户验证至少需要5种方式进行交叉验证，可用于消费、转账及购买投资理财产品或服务。

（6）若支付机构采用包括数字证书或电子签名在内等两种要素以上进行验证的交易，单日累计限额由支付机构与客户进行协议约定。

（7）若非数字证书、电子签名验证的交易，每人所有支付账户单日累计金额不超过 5,000 元人民币，转账同名账户除外。后被央行解释称，5,000 元的限额只是针对支付账户的扣款，在网购扣款时，当消费金额超过 5,000 元，超出部分是从银行卡账户扣除。因此，消费额度实际没受影响，只是扣款渠道不同而已。但最新规定是，快捷支付如果超过 200 元，需要跳转银行去验证。

（8）若验证交易方式不到两种，每人所有账户单日累计金额不超过 1,000 元人民币。

中国相继公布《关于促进互联网金融健康发展的指导意见》及《非银行支付机构网络支付业务管理办法（征求意见稿）》，其内容都提及了"开立账户，提高多重验证"的要求"只用验证码的交易，消费限额降低到 1,000 元"等。这样的法令方向，明显看出由于中国某些支付业者，规模已经大到可和金融机构相媲美，政府希望让第三方支付的定位回归到"小额支付"，而大额支付仍应回归到银行可监管的体系中。但也有许多反对声音指出，这样的法令无疑是让第三方支付市场开倒车。

而根据最新信息显示，中国已于 2015 年 12 月公布《非银行支付机构网络支付业务管理办法》，借以修订《非金融机构支付服务管理办法》，并于 2016 年 7 月 1 日起施行。

依据的具体规范修订《非金融机构支付服务管理办法》，可知修订后新法决定其每年支付限额。第 24 条依交易验证方式分类，决定其每年支付限额。修法后新法的上述分类规定极为具体。

Answer

Question 5
移动支付业与电子支付业有什么差别？

Answer

就网络购物支付的方式而言，固网支付和移动支付并没重大差别。因此，英美德日电子支付业法，原则上，都把固网支付和移动支付纳入电子支付业法中一并进行规范。

实际上，主要国家电子支付业大都是先使用固网支付，其后，随着智能型手机功能多样化、普及化，电子支付业务才开始推展移动支付业务。

Answer

Question 6
各国 P2P 融资所受的法律规范是什么？

Answer

P2P 融资公司系因英国在 2005 年设立 Zopa 而诞生，迅速普及到美国以及世界各国。P2P 融资营运方式由于各国法制民情而呈现多样化，目前 P2P 法律规范如下。

（一）英国

依据 2000 年金融服务市场法（Financial Services and Markets Act 2000），2014 年 3 月金融市场行为监管局（Financial Conduct Authority）制定《关于网络众筹和通过其他方式发行不易变现证券的监理规则》（*The FCA's regulatory approach to crowdfunding over the internet, and the promotion of non-readiey realisable securities by other media*），进行监理，并自 2014 年 4 月起正式施行。

（二）美国

美国目前仍未有专门规范 P2P 融资的法律，因此，P2P 融资仍依现行法律分别就融资面适用规范。

1. 融资面

P2P 融资业者需依各州融资业法办理登记，接受监理。同时，融资利率亦须适用各州利率上限之规范。美国 P2P 融资业为规避上述各州利率上限的规定，均通过与联邦存款保险会员银行合作的方式，P2P 融资利率即可排除各州上限的规范。

2. 投资面

P2P 融资业者因将债权予以小额化，分售予不特定多数人，视为证券公开募集，须受 1933 年证券法规范。美国 P2P 融资业者为规避证券法规范，乃改采用私募方式将债权分售机构投资人，或采用有限合伙方式募集资金投资于贷款债权。

（三）日本

1. 融资面

日本与美国相当类似，P2P融资者必须适用融资公司法规范。

2. 投资面

日本P2P融资业的投资人，必须适用融资公司的规范。此外，P2P融资业者仍需受《金融商品交易法》（类似证交法）的规范。为规避上列法令的限制，P2P融资业者乃采取隐名合伙持份方式，在网络上募集资金，投资人以500人以下为限，以规避金融商品交易法的规范。同时，采取隐名合伙方式时，投资人并非直接出资给融资申请人，可免受融资业法的规范。日本P2P融资业者本身则须同时接受金融商品交易法及融资公司法的规范，接受金融监理。

（四）德国

德国P2P融资业则仅须依据信用机构法进行登记，成为信用机构接受监理。

(五)中国

中国于 2006 年出现第一家 P2P 融资公司,到 2015 年 7 月 18 日中国公布《关于促进互联网金融健康发展的指导意见》,P2P 融资业正式有法律规范。2015 年 12 月 28 日银监会会同工业和信息化部、公安部、国家互联网信息办公室等部门公布《网络借贷信息中介机构业务活动管理暂行办法》,强化监管。2016 年 10 月 13 日,国务院办公厅公布《互联网金融风险专项整治工作实施方案》,同时落实监管。

Question 7
主要国家群众募资所受的法律规范是什么？

Answer

群众募资（crowdfunding）的类型在英美日，大抵分为捐赠、购入、借贷、投资（包括债权、股权）（donation-based, reward-based, loan-based, investment-based crowdfunding）4 种。

捐赠、购入型的属公益性质，且多未涉及资金流，均依公司法登记营运。借贷型群众募资即 P2P 融资，已如上述，投资型群众募资法律规范如下。

（一）英国

英国对于投资型群众募资的法律规范与 P2P 融资相同，均依据 2000 年金融服务市场法，于 2014 年 3 月由 FCA 制定规则进行监理。

（二）美国

美国于 2012 年 4 月通过 JOBS 法（Jumpstart Our Business Startups Act），其中第三个法案为群众募资法（crowdfunding），系将权益型（equity）群众募资纳入规范，排除 1933 年证券法的适用。

（三）德国

欧盟于 2015 年 2 月 18 日公布资本市场联盟（CMU, Capital Markets Union）草案，正研讨是否将群众募资一并纳入金融监理中，德国迄今尚未见法律规范。

（四）日本

日本于 2011 年开放群众募资，迄今已有捐赠、购入、权益型 3 种。而权益型又分为融资、投资、股权型 3 种。

日本融资、投资型群众募资法律规范如 P2P 投资所述。股权型群众募资受金融商品交易法规范，而网络群众募资公司则视为通信贩卖，受特定商务交易法的规范。

(五)中国

中国于 2014 年 12 月公布《私募股权众筹融资管理办法》,对于股权型众筹业者纳入监管。2016 年 10 月 13 日,国务院办公厅公布《互联网金融风险专项整治工作方案实施方案》,强化监督。

Question 8 主要国家数字货币所受的法律规范是什么？

Answer

数字货币（digital currency）全球约有 600 种，其中以比特币（bitcoin）占有 9 成，发行单位近 1,400 万，发行额约 50 亿美元。

金融风暴后，比特币崛起，迅速普及，2014 年 2 月日本比特币交易所 Mt.Gox 倒闭，造成投资人巨大损失。然而，比特币因采取区块链（blockchain）技术进行国际汇款，普受欢迎。为保护消费者，善用比特币近似货币优点，以及防范洗钱为由，各国开始正视并立法规范。

（一）英国

英国当局认识到比特币确有推广价值，立即研讨修订 2012 年金融服务法，适时将数字货币纳入监管。

（二）美国

美国有关数字货币相关法律规范如下。

1. 州金融局

纽约州已于 2016 年将比特币业者纳入纽约州资金转移法（Money Transmitter Act）的规范，其他各州正研讨师承纽约州做法中。

2. 美国商品期货交易委员会

美国商品期货交易委员会（CFTC）2015 年中将比特币（数字货币）视为商品，纳入商品交易法（CEA, Commodity Exchange Act）规范中。

（三）德国

2014 年 2 月德国联邦金融监管局（BaFin），将比特币（数字货币）视为私人货币，修订信用机构法，将比特币业者纳入该法规范中。

（四）日本

日本金融审议厅委员会于 2015 年 12 月提出《数字货币管制案》，2016 年 5 月，已由金融厅修订 2010 年资金清算（决济）法，将比特币交易所纳入金融厅监管。

(五)中国

中国人民银行于 2013 年 12 月 5 日公布《关于防范比特币风险的通知》,将比特币视为商品,防止洗钱。

Chapter 8
第八章
FinTech 的未来展望

FinTech 的未来展望

近年来，有关 FinTech 业挟其高科技、新思维，以破坏式创新，提供符合消费者需求的新金融商品服务，蚕食传统金融市场，对于欧美及世界其他主要国家（包括中国）金融业造成冲击日益剧烈。

亚洲大陆法系的日本，由于金融法律、风俗民情与欧美有异，加上金融体系相对健全，金融机构特别是 ATM 极为普及，金融业竞争剧烈，且同质性高，因此利差及手续费偏低，加上相关金融法律与制度规范健全，FinTech 业进入实为不易。因此，日本金融业实际上受到 FinTech 业的冲击仍然有限。然而，随着 FinTech 的进展，消费者对于新金融服务需求的殷切，网络无国界化，金融法律规范的松绑，必然将对金融业造成日益严峻的冲击。

金融业究竟应该如何回应 FinTech 业者的介入，具体策略已如前述。但是，FinTech 业界未来发展重点所在，创新的内涵与方向为何，以下拟就 FinTech 基本的科技展望进行叙述。

（一）人工智能与深度学习能力的深化

2016 年 3 月 Google 研发出人工智能围棋系统"AlphaGo"，以 4:1

打败世界围棋高手,显现出人工智能及深度学习能力的大幅提升。金融方面的人工智能也已经出现了 robo-advisor,而且投资运用成果超越人工。

东京大学研究部门也曾经就东京大学入学考试,以其人工智能机器人进行测试。结果数理高分而国文低分,平均在及格边缘。实验发现人工智能目前对于外表的识别、感情的了解与应对仍未成熟。

然而,未来随着 FinTech 新创企业的研创,人工智能与深度学习能力的深化,金融业人工的被取代必将日益加速。世界金融论坛日前预测,2050 年包括金融业在内,一半以上人工行业将被人工智能机器取代。

(二)区块链的全面应用

区块链(blockchain)的技术,一般认为是由 2009 年中本聪论文所披露。比特币首先使用区块链技术而产生,并广泛被用于国际汇款,乃是由于区块链应用其密码技术以及 P2P(peer to peer)网络技术,而且其数据库技术几乎无法擅改,并且使用上无时间及地点限制,且无须任何成本。

区块链技术目前除用在比特币国际汇款之外,美国纳斯达克在2015 年 12 月 30 日和美国 FinTech 新创公司合作,在未上市股票交易的清算上利用区块链技术。本来从成交到清算要 3 天，利用区块链技术只要 10 分钟，可见其威力。

一般认为，区块链科技在金融交易方面，可以应用在证券交易的清算、记录、管理、遗嘱信托、贸易保险、汇款、支付、群众募资、微型贷款方面。同时，区块链科技尚有待改善空间，未来发展方向多样化。专家学者一般认为，区块链技术为历史上大发现，未来研发在金融服务多方面应用时，可能真正成为银行、证券、保险业的终结者。

（三）应用程序编程接口

应用程序编程接口（API, Application Programming Interface）是指某些系统厂商，为了让第三方的开放者能够额外去开发应用程序，用来强化其商品，而推出可与其系统沟通的接口。简单说，利用 API，可以使各公司系统间更容易连络互通。

例如，日本 Mizuho 银行在 2015 年 10 月，与即时通讯社交软件 LINE 合作，推出"LINE 免费余额查询"，Mizuho 银行可以有效利用 LINE 的 API。

美国 VentureBeat 认为，API 对企业（包括金融业）来讲，可以借由 API 获取收益；可以便利客户，降低成本；可以和第三方的开发者一起研究；便于和自有企业已开发的服务进行整合。

就 FinTech 业来讲，英国政府为积极推展 FinTech，在 2015 年底主导银行 API 的框架，并公布详细内容。在英国政府主导架构下，金融机构的系统通过 API，和 FinTech 新创企业的系统链接，使得在 FinTech 新创企业破坏式创新研发主导下，能够在未来提供前所未见、质优价廉、便利消费者、合乎消费者多样化需求的崭新金融商品，FinTech 与金融业互惠其利，消费者受益，创造双赢局面。

网络时代，新思维，破坏式创新，FinTech 新创业者已然成为网络时代最重要的推手，展望未来，似乎可以预期 FinTech 新创业者将不断带来新思维和革命性创新！